文化產業發展研究

尹宏禎 等 著

崧燁文化

引 言

　　文化產業是一個特殊的產業，對它的研究涵蓋了經濟學、哲學、社會學、政治學、人類學、管理學等學科的知識。本書盡可能地利用簡潔而概括的語言闡述其發展規律和發展思路。由於研究的複雜性，尤其是數據的搜集是本書的難點，因此在研究過程中主要採用案例法、調查問卷法和歸納法進行論證，以增加觀點的說服力。

　　首先，中國文化產業從整體上講還處於起步階段，具體而言，它不是簡單的一系列行業所組成的產業，而是由某幾類單純的行業交織組成的文化產業系統，即是集生態資源、人文風貌、表演藝術、飲食習慣、服飾藝術等為一體的產業形態，它是實現文化產業跨越式發展的有效切入點。

　　其次，當前文化產業發展的成功模式體現在載體的規模化生產上，這是大眾文化產業化的必經之路，也是文化產品網絡化特徵所決定的，是各類文化產業成功發展所必備的共同特徵，而這些恰是中國文化產業發展的短板。在文化產業特殊的形態中注入現代化市場元素，在保持原生態的前提下擴大其規模，是文化產業發展的有效路徑。圍繞這個路徑進行相應的制度規範設計可以推動文化產業成為支柱性產業，這是本書的研究邏輯。

　　最後，通過研究，本書發現文化產業前期投入風險較大，因此單純地通過市場機制推動文化產業的發展是不可行的。各種機構組織在前期的文化產業投入決定了文化產業的可持續性發展，因此，在路徑選擇和制度設計過程中，前期的培育和孵化制度設計尤為重要。基於此，文化產業的發展要把市場機制完善、培育孵化扶持、政府方向引導有機結合起來，才能形成經濟效益和社會效益相統一的特色民族文化產業。

總之，本書是對文化產業相關問題梳理的結果，是方法與內容、理論與應用、理性思維與感性思維統一的結果。由於筆者知識累積有限，難免存在疏漏，敬請讀者批評指正！

尹宏禎

目　錄

1 **緒論** ----1
　1.1　國內外相關文獻回顧與評述 ----1
　　1.1.1　文化產業定義的相關研究 ----1
　　1.1.2　文化產業化的相關研究 ----4
　1.2　文化產業的理論基礎 ----8
　　1.2.1　文化產業本質論 ----8
　　1.2.2　創新理論 ----10
　1.3　文化產業的分類 ----13
　　1.3.1　美日的文化產業分類 ----14
　　1.3.2　中國文化產業分類 ----14
　1.4　研究方法 ----16
　　1.4.1　歸納法 ----16
　　1.4.2　問卷調查法 ----17
　　1.4.3　演繹法 ----17
　　1.4.4　定性和定量分析方法 ----17
　　1.4.5　交叉學科的研究方法 ----17

2 **文化產業發展機制** ----19
　2.1　文化產業發展理念 ----19
　　2.1.1　中國文化產業發展理念的變遷 ----19
　　2.1.2　國內外的文化產業發展理念 ----22
　　2.1.3　文化產業發展理念 ----24
　2.2　文化產業成為支柱性產業的前提——創新 ----26
　　2.2.1　創新的本質 ----26
　　2.2.2　創新與文化產業的形成 ----29
　　2.2.3　創新促進文化產業發展的路徑 ----32
　2.3　文化產業的發展機制 ----33

  2.3.1 文化產業發展需要具備多種要素 ----33
  2.3.2 文化產業發展需要健全完善的市場 ----35
  2.3.3 文化產業發展的外部環境 ----37

3 國外文化產業發展模式借鑑 ----39
 3.1 美國文化產業市場培育的經驗借鑑 ----39
  3.1.1 美國高雅文化產業培育——美國佐治亞州的問卷調查 ----39
  3.1.2 美國文化產業培育的啟示 ----43
 3.2 日本的政府主導式文化產業發展模式借鑑 ----48
  3.2.1 日本文化產業發展情況 ----48
  3.2.2 日本文化產業發展模式的啟示 ----50
 3.3 歐盟文化產業推動城鎮化的發展經驗 ----54
  3.3.1 歐洲文化小鎮的發展模式 ----55
  3.3.2 歐洲文化小鎮建設的啟示 ----56

4 中國文化產業發展現狀 ----60
 4.1 北京市文化產業發展的情況 ----60
  4.1.1 北京市文化產業發展特徵 ----60
  4.1.2 北京市文化創意產業發展的模式 ----63
 4.2 雲南省文化產業發展的情況 ----66
 4.3 四川省文化產業發展的情況 ----72

5 中國文化產業發展面臨的問題 ----90
 5.1 文化產業發展基礎薄弱 ----90
 5.2 文化資源的開發和保護不匹配 ----91
 5.3 文化產業化程度不高 ----91
 5.4 文化人才儲備不足，科技基礎薄弱 ----92
 5.5 文化產業管理體制有待優化 ----92

  5.6 文化產業融資難尚未有效解決 ----102
  5.7 文化產業園區樓宇市場條件較差 ----105

6 文化產業發展路徑一：支持體系建設 ----118
 6.1 資本市場建設 ----118
  6.1.1 文化產業資本支持體系的目標設定 ----118
  6.1.2 文化產業資本支持體系基本原則 ----119
  6.1.3 文化產業資本支持體系的內容 ----120
 6.2 人才建設 ----122
  6.2.1 文化產業人才支持體系的總體目標 ----122
  6.2.2 建設文化產業人才支持體系的內容 ----123
 6.3 文化建設 ----124
  6.3.1 通過文化建設掌舵文化產業方向 ----125
  6.3.2 通過文化建設推動文化產業品牌化發展 ----126
 6.4 配套基礎設施建設 ----126
  6.4.1 選擇特色文化為建設內容 ----127
  6.4.2 推動文化產業園區建設 ----127

7. 文化產業發展路徑二：文化產業化 ----128
 7.1 產業化過程中民族文化的保護與開發 ----128
 7.2 文化產業化 ----136
  7.2.1 文化產品化 ----136
  7.2.2 文化產品的生產 ----137
 7.3 市場培育 ----139
  7.3.1 確立市場培育中政府的引領地位 ----139
  7.3.2 銷售渠道建設 ----140
  7.3.3 培育新興文化市場 ----140
 7.4 文化資源產品的創新開發 ----142

7.4.1　區域整合開發 ----142
　　7.4.2　氛圍營造開發 ----143
　　7.4.3　多層次開發 ----143

8　文化產業成為支柱性產業的制度設計 ----145
8.1　明確文化產業發展過程中政府和市場的作用 ----145
8.2　解放思想構建供給側文化產業支持制度 ----146
8.3　完善金融支持制度 ----147
　　8.3.1　政府引導制度規範化 ----147
　　8.3.2　資源配置市場體系建設制度化 ----148
　　8.3.3　文化產業融資體系建設制度化 ----149
8.4　建設文化產業集聚區試點 ----150
　　8.4.1　建立文化創意產業發展改革試驗區 ----150
　　8.4.2　建立文化創意產業發展引領區 ----150
　　8.4.3　建立文化創意產業發展集聚區 ----150
　　8.4.4　建立文化創意產業發展策源地 ----150
　　8.4.5　建立文化創意版權交易示範基地 ----151
　　8.4.6　建立文化創意廣告園區示範基地 ----151
　　8.4.7　建立新媒體與文化創意產業融合發展示範基地 ----151
8.5　建立文化產業對外合作交流機制 ----151
　　8.5.1　推進文化創意產業開放與合作 ----151
　　8.5.2　建立文化產業保稅區 ----152
　　8.5.3　建立文化產品交易自由結匯制度 ----152
8.6　建立文化產業人才聚合示範基地 ----152
　　8.6.1　建立文化人才聚合區 ----152
　　8.6.2　建立藝術中心人才工作室產權制度 ----152
8.7　完善文化產業發展保障機制 ----153
　　8.7.1　強化政府扶持，優化服務環境 ----153

8.7.2 搭建文化產業發展平臺，加大招商引資力度 ----153
8.8 完善文化產業市場機制 ----154
    8.8.1 集聚整合核心文化產業的發展要素 ----154
    8.8.2 建立靈活有效的臨時土地租賃制度 ----154
8.9 建立文化引領生活的產業發展機制 ----155
    8.9.1 統籌文化產業空間佈局 ----155
    8.9.2 引領文化生活模式 ----155

參考文獻 ----156

後記 ----162

1 緒論

「一個高技術的社會必然也是一個高文化的社會,以此來保持整體的平衡。」中國改革開放以來,隨著物質財富的日益豐富,文化消費需求日益增長,文化產業已經成為尋找新的經濟增長點的重要載體,是社會經濟創新的重要來源。

1.1 國內外相關文獻回顧與評述

1.1.1 文化產業定義的相關研究

文化產業作為一種特殊的經濟形態和文化形態,不同的國家和不同的學者對其都有不一樣的解釋。文化產業作為一個獨立的經濟範疇,其產生和發展的歷史並不長,文化產業這一概念產生於第二次世界大戰後對大眾文化的批判(Adorno and Horkheimer, 1947; Pierre Bourdieu, 1993)。二戰後,國際學術界對大眾文化的批判是基於1871年愛德華·泰勒對文化的基本定義而展開的。愛德華·泰勒認為,文化包括全部的信念、知識、藝術、道德、法律、風俗,以及作為社會成員的人所掌握和接受的任何其他的才能和習慣的複合體。① 基於泰勒對文化的這一定義,理論界展開了關於文化定義的爭議。1947年,Adorno和Horkheimer從人的一般生存困境出發,以深層的文化批判精神為動力,對啟蒙以來的技術理性主義至上的文化價值觀念進行了反思與批判。② 在對技術理性主義至上的文化價值觀念和對資本主義條件下工業文明、科技理性

---

① 愛德華·泰勒. 原始文化 [M]. 連樹聲,譯. 2版. 上海:上海文藝出版社,1992.
② 包桂芹. 啟蒙與道德的變奏——霍克海默、阿多諾《啟蒙辯證法》的道德界域 [J]. 內蒙古民族大學學報, 2008 (2): 70-74.

所造成的負面影響進行反思和批判的過程中，他們提出了「Culture Industry」的術語，在中國是以「文化產業」來翻譯和界定這一術語的。

隨著對各國學者文化定義的爭論逐漸深入，文化產業一詞及其理論研究相繼展開。20世紀中期特別是20世紀70年代中期，部分西方經濟學學者開始對文化產業進行跨學科、跨領域、跨地區的研究。[①] 但是，在相關研究中，對於文化產業的定義各國學者並沒有形成一致的認識。其中值得一提的是，日本學者日下公人在《新文化產業論》中對文化產業作出的定義，「文化產業是人類在有一定的經濟基礎後，發生追求生活享受和幸福的經濟行為，文化產業的目的是創造一種文化符號，然後銷售這種文化和文化符號」[②]。這個定義把「文化產業」的界定重點從過去的「文化層次」轉向「產業」層次，強調文化的價值化、貨幣化。從這個時期開始，文化產業發展的理論才正式登上國際經濟舞臺。

國際上從文化產業本身的角度將文化產業的定義大致分為兩種類型。一種是從文化的角度來定義文化產業。Lawrence 和 Phillips（2002）認為，文化產業是從事意義生產和銷售的產業；[③] 美國學者（2004）認為，文化產業是指基於娛樂、教育、信息等目的的服務產出和基於消費者特殊嗜好、自我肯定和社會展示等目的的人造產品的集合。[④] 這些定義強調的是文化產業作為一種特殊文化形態的目的，似乎忽視了文化產業作為特殊產業形態的產業特點。另一種則是從產業的角度來界定文化產業，如英國學者賈斯廷·奧康納認為，文化產業是「指以經營符號性商品為主的那些活動，這些商品的基本經濟價值源於它們的文化價值」[⑤]。該定義將「符號性商品」作為文化產業的產出，擴大了產業範圍，將只生產實物產品的產業範圍擴大到了包括實物產品生產和「符號性商品」生產的產業範圍，文化產業成為眾多經濟產業的組成部分。美國學者提摩·坎泰爾認為，文化產業是指「那些使用同類生產和組織模式，如工

---

① 鄧安球. 文化產業發展理論研究——兼論湖南文化產業發展 [D]. 南昌：江西財經大學，2009.
② 日下公人. 新文化產業論 [M]. 範作申，譯. 北京：東方出版社，1989.
③ LAWRENCE T B, PHILLIPS N. Understanding the cultural industries [J]. Journal of Management Inquiry, 2002, 11 (4): 430-441.
④ SCOTT A J. Cultural—Products Industries and Urban Economic Development: Prospects foe Growth and Market Contestation in Global Context [J]. Urban Affairs Review, 2004, 39 (4): 461-490.
⑤ 林拓，李惠斌，薛曉源. 世界文化產業發展前沿報告 [M]. 北京：社會科學文獻出版社，2004：1-20.

業化的大企業的社會機構，這些機構生產和傳播文化產品和文化服務」①。該定義在「生產和組織模式」上把文化產業等同於其他產業，混淆了文化產業與其他產業在生產和組織活動方面的區別。

不同國家從自身社會、各自產業發展情況和產業利益的角度，對文化產業給出了不同的定義。法國將文化產業定義為傳統文化事業中特別具有可大量複製性的產業；韓國將文化產業界定為與文化商品的生產、流通、消費有關的產業；美國是從文化產品具有知識產權的角度來界定文化產業；日本則強調文化產品的精神屬性，認為與文化相關聯的產業都屬於文化產業。聯合國教科文組織對文化產業的定義是文化產業就是按照工業標準，生產、再生產、儲存，以及分配文化產品和服務的一系列活動。這是從文化產品的工業標準化生產、流通、分配、消費的角度界定文化產業，該定義認為文化產業只包括可以用工業化方式生產並符合標準化、系列化、生產分工精細化和消費大眾化等具有工業化特徵的產品及其相關服務，如書籍報刊等印刷品、電子出版物、視聽製品的生產、再生產、存儲、分配和消費。也就是說文化產業只包括具有物質載體的文化產品的生產和消費，而不包括沒有物質載體的文化產品，如舞臺演出、造型藝術的生產製作和服務，但是這種文化產業界定不利於人們對文化產業本質屬性的把握。

不僅各國對文化產業的含義界定不同，就連對文化產業的稱謂也各不相同。美國、日本、英國等發達國家對文化產業並不使用「文化產業」這一概念，美國將文化產業稱為娛樂產業或版權產業，英國將其稱為創意產業，日本、芬蘭和歐盟等國家將其稱為內容產業，澳大利亞則稱之為文化娛樂業。②

在國內，對於文化產業的定義也不一致。有的學者從文化角度定義文化產業，如胡惠林（2001）認為，文化產業是一個以精神產品的生產、交換和消費為主要特徵的產業系統。該定義從文化的角度出發，強調文化產業產品的精神範疇，但忽略了文化產品中具有文化含意的實物產品，如文化用品，縮小了文化產業的範圍。還有的學者從產業的角度來定義文化產業，如李江帆（2003）認為，文化產業是國民經濟中生產具有文化特性的服務產品和實物產

---

① 林拓，李惠斌，薛曉源. 世界文化產業發展前沿報告 [M]. 北京：社會科學文獻出版社，2004：1-20.
② 鄧安球. 文化產業發展理論研究——兼論湖南文化產業發展 [D]. 南昌：江西財經大學，2009.

品的單位的集合體。該定義認識到文化產業中的文化產品既包括具有文化特性的服務產品,也包括具有文化含義的實物產品,但是,作為文化產業而言,該定義只強調了文化產品的生產,忽視了構成產業活動的除生產以外的其他環節,如文化產品的流通、消費等;艾斐(2004)認為,文化產業主要是指按照經濟法則和價值規律,採取生產和市場化運作的方式,以賺取利潤和發展經濟為目的的文化生產與文化消費活動。

國內對文化產業定義的爭論更多地集中在文化和產業的關係上。有的學者認為,文化產業從本質上來看不屬於文化的範疇,而屬於經濟的範疇①;有的學者只承認文化產業,而否定文化產業化②;還有一些學者則從文化產業與文化事業的角度來界定文化產業③。這些觀點和研究更多地停留在發展層面上,體現了國內研究現狀是「摸著石頭過河」。

從政府角度來看,中國政府部門是從區分文化產業與文化事業的角度來界定文化產業,將文化產業界定為文化娛樂的集合。2003年中國文化部將文化產業視為與文化事業相對應的概念,認為文化產業是「從事文化產品生產和提供文化服務的經營性行業」;2004年國家統計局將文化及相關產業界定為「為社會公眾提供文化娛樂產品和服務的活動,以及與這些活動有關聯的活動的集合」;新修訂的《文化及相關產業分類(2012)》,進一步將文化及相關產業界定為「為社會公眾提供文化產品和文化相關產品的生產活動的集合」④。

可見,國內外文獻在大多情況下將文化產業等同於創意產業,有的時候又將文化產業等同於版權產業、知識產業。儘管對文化產業的界定和稱謂不同,但這些界定和稱謂有一個共同點,那就是在定義文化產業時國內外學者都把文化這一無形的、抽象的事物具體化到經濟生活的生產環節。

1.1.2 文化產業化的相關研究

文化產業化是指把無形的文化和具體的載體相結合併進行商業化運作實現效益最大化的過程。自從文化產業概念出現後文化產業化一直存在爭議。經濟學家、人類學家、藝術家、哲學家、社會學家都有對此的相關論述,大致分為

---

① 李向民,王晨. 文化產業:變革中的文化 [M]. 北京:經濟科學出版社,2005.
② 馮驥才. 文化不能產業化和政績化 [N]. 海南日報,2011-06-20.
③ 辛向陽. 準確把握文化事業與文化產業的辯證關係 [N]. 中國青年報,2012-01-04.
④ 國家統計局. 文化及相關產業分類 2012 [EB/OL]. (2012-08-01) [2013-11-16]. http://www.stats.gov.cn/tjsj/tjbz/201207/t20120731_8672.html.

兩類：一類是通過抽象思維從文化分類角度分析產業化相關問題；另一類是從實踐經驗歸納總結文化產業的相關發展問題。

1. 從大眾文化和精英文化角度分析產業化問題

通過抽象思維從大眾文化和精英文化角度分析產業化問題，最有代表性的是 Adorno 和 John Frow 的觀點。Adorno 反對大眾文化，提倡發展精英文化。在文化產業化過程中，他並不特別支持大眾文化或高雅文化的某一種，強調的是文化轉移的問題。他認為，大眾文化是從社會學角度反應哲學，而高雅文化是從哲學角度反應社會學，兩者並沒有明確分工。文化是啟蒙運動中的重要元素。Adorno 1938 年在 *Dialectic of Enlightenment* 中指出了啟蒙運動的自我破壞機制，「人類為了擺脫神祕力量的束縛而從自身尋找控制本性和繁殖的辦法，本身又回到神祕力量那裡去並且被其更絕對地控制」，他還指出了文化產業化是固化某種文化或思想，這是產業化面臨的問題，這也是當前國內學者詬病文化產業的主要原因。因此啟蒙運動的目的應該是獲得自由和快樂，而不是這個目的的一個小前提或小目標。而資本主義社會市場經濟恰恰提供了啟蒙的自我破壞機制，因為資本主義生產不是為了滿足人類需求而是為了利潤，目的是交換而不是使用，使用價值被交換價值所控制，違背了生產或交易的目的——提高人類福利水準。現代藝術試圖改變現實，自主性藝術反應了體力和腦力勞動區別的實質。高雅藝術的代價是對低級階級的排除，它追求真實的自由而不是錯誤的普遍性。大眾生產的文化和大眾需要的文化是有差異的，而高雅文化和低俗文化的區別反應的是獨特性和普遍性的區別，文化的真諦難以從實踐和理論上獲得，因此，文化產業化要注意避免庸俗化。

John Frow 從高雅文化和大眾文化的價值角度分析文化產業化。他指出：「和批量生產的文化產品市場導向不同的是自主創作的文化保持了獨創性，而高雅文化才是真正的創造性文化，因為它創造了它的對立面——大眾文化，由此高雅文化依賴於大眾文化而存在。」[1]

事實上，20 世紀末對高雅藝術和低俗藝術的分類很難站住腳，其原因是高雅藝術和低俗藝術一樣完全融入商品生產中。高雅藝術是與高級教育和統治精英聯繫在一起的，同時大眾傳媒弱化這一特徵並促使兩種文化互相轉移，階級劃分不再是文化劃分的依據。大眾文化和高雅文化隨著消費者的增加而變得模糊。John Frow 指出大眾文化和高雅文化分類的關鍵在其社會功能。高雅藝

---

[1] FROW J. Cultural studies and cultural value [M]. New York: Oxford University Press Inc., 1995.

術獲得的快樂來源於對社會關係的否定和排除，即與實際脫離，這種文化包括兩方面：一方面是主導階級為了區別出來的一個階級的經驗，另一方面是這種經驗的藝術邏輯，其文化內在邏輯結構是和統治階級結構一致的。而工人階級的文化受眾對文化體驗選擇不是因為不知道而是由於想分離出來。文化產業化要考慮受眾的文化選擇，而文化選擇是歷史性的，是相對於其他類別而選擇的。John Frow 指出文化價值化過程其實表達的是一種文化只被一種人欣賞，就像編碼和解碼的關係一樣。因此，他提出在資本主義社會、文化資本和經濟資本的關係就像知識分子和統治階級的關係一樣。

2. 文化產業化的方式、手段及影響

文化產業化是生產、複製、儲存、通過產業和商業渠道銷售文化產品和服務的過程，是基於經濟考慮而不是文化發展維度的考慮。文化產業化方式有兩類：一類是創造性的工作，另一類是批量生產的規模化複製和生產。其產業化結果是文化趨同化。

第一，從文化產業的生產模式來看，Sandor Radnoti（1981）指出所有文化都依賴於經濟價值。由此，Armand Mattelart, Jean-Marie Piemme 指出 Horkheimer 和 Adorno 在啟蒙辯證法中所指的是大眾文化，而不是文化產業。他們認為從技術和藝術的綁定關係來定義文化產業並不全面，這個過分強調藝術的哲學和政治價值，同時不能因為否定經濟利潤和意識控制而否定標準化生產，且過分強調文化脫離技術而存在。文化產業是一個系統，一部分在核心，一部分在外圍，文化產業的關鍵取決於核心文化內容的生產，以及某些支配外圍產業相關的規則。

第二，從文化產業供給和需求來看，Breton 指出文化產業是自由化的一個方法，因此文化產業在發展過程中面臨供給和需求方面的問題。文化產品不能重複消費，其追求的是多樣性，以滿足消費者不斷變化的需求。從需求角度來看，文化產業面臨的問題是文化產業興起會導致大眾文化同質性，而文化產品的消費必須具有多變性，這就導致了文化產業發展瓶頸。導致這一問題的原因是文化產品內在特徵使文化產品重複消費，變得無趣，而高收入使得人們對多樣性產生需求。從供給角度來看，文化產業面臨文化需求的多變性，很難鎖定需求，因此文化產品的供給選擇面臨困境。

第三，從文化產品的生產環節來看，Girard 指出文化產品生產包括兩部分：一部分是產品生產，包括創意、出版生產、製作複製；另一部分是產品銷

售，包括宣傳、批發、零售、出口、進口、存檔等。文化產業並不是單純的文化工業化，文化產品生產包括創意或文化本質性的東西，因此文化產業應包括雜誌、書、報紙、電視、電影、唱片、收音機、藝術複製、新的視覺產品、廣告等行業的生產活動。

他同時指出可以通過生產領域的設計來控制需求。比較好的例子是報紙的設計。有些報紙是針對特定人群設計的，但是專業報紙很難使人群需求穩定，因此一般報紙會針對不同的人群設計，如在同一問題上採用不同角度的報導、利用不同的品牌和產品，等等，通過多樣化規避客戶流失的風險。

Girard 指出明星體系也可以引導需求，它不僅體現在好萊塢市場，而且在戲劇、芭蕾、音樂、繪畫、雕刻、寫作等領域也被廣泛應用，使得消費群體穩定化。

第四，從文化政策角度來看。Wynne 從文化產業和城市化關係角度研究①，認為文化產業一定程度上是一個城市建設的中心問題。他指出英國曼徹斯特最成功的兩個文化行業是音樂和電視，促使了曼徹斯特城市文化的形成。他指出可以利用文化核心來促使城市再生。城市再生策略：從基礎設施和文化消費方面推動，包括開發貸款、工作區管理、行銷和分銷服務等方面協助文化生產者的增長。Lewis 和 Miller 指出文化政策包括視聽內容政策、國家文化和廣告、婦女文化和機構改革、媒體所有權和文化力量，文化政策制定不是簡單的加法②。

第五，從文化產業的社會經濟影響來看，Przeclawski 指出文化產業視聽媒體對年輕人的行為導向有影響。文化產業對婦女具有重要影響，Gallagher 指出大眾媒體強化了傳統價值和信仰，因此婦女的從屬地位因為文化產業發展而固化了。另外，Brooker 指出文化起源於有機物培養，在生物實驗室培育，後來引申為個人的修養，指有教養的人；文化第二個意思是指某個社會團體的精神層面的東西，用於表示個人特性，在 19 世紀和 20 世紀被廣泛用於指藝術相關的事物，因此文化又包括人類歷史沉澱的部分。Brooker 認為 Adorno 從觀念表徵角度指出的文化是社會經濟的反應，但是文化處於第二位，現實社會經濟是基礎，同時文化對形成哲學、社會學、文學、教育、人類學、語言學和媒介學

---

① WYNNE D. The culture industry: the arts in urban regeneration [J]. Culture Industry the Arts in Urban Regeneration, 1992.

② LEWIS J, MILLER T. Critical cultural policy studies [M]. New Jersey: Blackwell Publishers Ltd., 2003: 20-21.

等學術研究的概念、方法和目標非常重要①。

1.2 文化產業的理論基礎

如果要準確把握文化產業的發展理念，為文化產業的發展提供理論依據，那麼就需要對文化產業本質內涵做出科學合理的界定。

1.2.1 文化產業本質論

該理論是依據中國傳統文化和西方文化產業概念歸納總結的，通過文化產業起源和界定來分析文化產業的發展依據。文化的本質和特徵需要從「文化」二字的含義說起。由於文化是和語言符號緊密聯繫的，從文字的角度定義文化產業是最科學也是最有「文化」的。國內外學者大都從「Culture」這個詞的起源來探討文化的含義，從而衍生出文化產業概念。其實，文化產業的定義用中國文字加以解釋最容易理解，並且更能深入其本質，因為中國文字本身就是文化產業的重要元素。

早在漢字形成之時，中國先祖已經深刻定義了「文化」的概念。「文」，象形字，本義為花紋、紋理，在甲骨文中，為 ✖，像紋理縱橫交錯形。《左傳·昭公二十五年》對「文」的定義為「青與赤謂之文」，即各種顏色圖案構成了「文」。從另一個角度看，「青」屬陰，「赤」屬陽，一陰一陽謂之道，即世界萬物顯現的樣子就是「文」。在《說文解字》中，許慎這樣解釋書名中的「文」字：「倉頡之初作書也，蓋依類象形，故謂之『文』，文者，物象之本。」因此，「文」代表事物真實面貌，即萬物的本來面貌。再看「文化」的「化」字，甲骨文中，「化」的象形字是兩個「人」字，即 ⚡，上面的「人」代表母親，下面的「人」代表子女，其實就是表示母親生育孩子的過程，也就是「一」變成「二」的過程，代表世間萬物變化的過程。《說文解字》對「化」的解釋為「教行於上，則化行於下」，就是說，母親教的是什麼，孩子學的就是什麼。毛澤東在《反對黨八股》中說：「『化』者，徹頭徹尾徹裡徹外之謂也。」可見，「化」字本意為「演變、變化」，引申意義為「教化」。英

---

① BROOKER P. Concise glossary of cultural theory [M]. Oxford: Oxford University Press Inc., 1999: 50-52.

文中「Culture」這個詞就是取中文的「化」的含義。英語「文化」一詞的含義中由於丟棄了「文」，更強調人對萬物的「化」，所以更重視工具、技術等推動「變化、轉化」的東西，西方文化更多把人的發展推向外源，而中國文化將「文」和「化」並重，既重視「文」這個萬物的本來面貌，又重視萬物的變化過程，所以其文化更內斂，強調人對萬物「化」的同時也重視萬物對人的「化」。

把「文」和「化」兩個字合起來，就構成「文化」。「文化」一詞如果是名詞，就是表示萬物如何演變的過程。不過，在「文」和「化」之間需要加入一個媒介——「人」。因為「文化」這兩個字是人創造的符號，用來代表萬物如何演變的規律，而一種規律之所以被稱為文化，必須得到人的認可，這樣才能成為「文化」這一符號的內涵之一。所以文化從根本上講擺脫不了「人性」，即文化是人所認識的世界萬物發展的規律，它包含人類所有的精神文明和物質文明。但這並不意味著世界真實面貌就是人的文化所展現的那樣，因為人的認可不一定是對的，就像過去的人類認為分子是最小的粒子，而現在人類意識到還有比分子更小的粒子。正因為如此，各個民族的文化才如此豐富多彩、五彩繽紛，雖然它們同時表達和描述同一個世界，但由於認識的角度不同和認識的局限，產生了不同國家、不同地區、不同民族的文化，雖然彼此不同但又有著某種聯繫。所以，各民族文化既具有共性又具有個性。本書就是立足於這一認識，分析如何發展民族地區文化產業的。

若「文化」一詞為動詞，就表示人類在感知「文」這個世界本來面貌後被其教化，按照世界萬物的規律做人，所以是以「文」「化」人。但是，「人」是什麼樣的人則受制於施「化」的人。當今世界信息技術如此發達，以至於人的發展主要取決於前人的教化，相對的「物」的規律對人的「化」比以前更少了，前人教化什麼後人就接受是什麼。因此，當前的文化更固化了，人的創造性在逐漸減弱，所以，一個民族的文化具有穩定性，因為民族文化大部分是前代「化」後代的結果。

無論是名詞還是動詞，文化都是屬人性的，具有人文屬性，它擺脫不了人認識上的局限性，它會因為人的不同而有所不同，所以，至今人類對文化沒有一個統一的概念。文化屬人，依人的不同在認識上就有所不同，因此，文化具有根植性，包括地域根植性、民族根植性、國家根植性等。文化屬人，文化價值也是屬人的，因此多元化的文化價值也就難以統一，即所謂「千里馬常有，

伯樂不常有」。文化的屬人的屬性使之脫離了供求規律，由此文化的價值就很難在市場上通過價格得到體現。在文化領域，由於對文化價值的觀點、認識不同，「曲高和寡」的現象在所難免，由此一來，「高山流水」和「下里巴人」式的文化產品價格趨同等問題就會出現。這是文化產業化的難點所在，也是造成文化產業發展理念難以統一的一個重要原因。

上述內容是關於文化的本質內涵的認識，那麼什麼是「產業」？產業在中國古代是指擁有的「財富」。作為經濟學的專用詞彙，產業來自西方經濟學。在西方國家，產業（Industry）這個詞來自拉丁語。按照《韋伯大辭典》的解釋，產業最初是表示工作時表現的穩定和習慣性的勤奮狀態，產業革命之後，產業被賦予了四個方面的含義：一是為了有用的或有價值的目的進行系統化勞動；二是手工製作、藝術、商業或加工的一個分支或部門，尤其是投入大量勞動力和資本的加工生產；三是被區別出來的生產性的、利潤驅動的企業的集合；四是作為國家或一個集體整體的加工活動。基於產業的這些含義，《大英百科全書》對產業給出了這樣的定義：產業是生產供給商品、服務以獲得收入的一些生產企業或組織的集合。

由此可見，產業具有幾個基本特徵：一是有資本和勞動力等生產要素的投入，二是有趨同特徵的一些企業或組織的集合，三是生產的目的是利益驅動，四是由於其是按照一定標準劃分的一些行業的集合。因此產業必然是脫離手工作坊而形成的以大規模生產為特徵的生產活動。

前面對「文化」和「產業」分別進行瞭解析，那麼，什麼是「文化產業」？結合中國當前經濟發展的實際，把「文化」和「產業」的含義結合起來就構成「文化產業」的概念：文化產業應是規模化生產能夠幫助人類認識和理解世界的、需要付出金錢的商品的行業的集合。

可見，文化產業是實踐過程中文化與經濟實體結合的產物。文化與經濟的關係正如老子所說：「有之以為利，無之以為用。」就文化產業而言，文化是無形的，是「無」；市場經濟是無形的文化的載體，是「有」，「有無相生」。因此，文化產業既是物質性的、也是精神性的，既是實用的、也是抽象的，既是包容的、也是獨特的。把文化和經濟有機結合起來，就能形成文化的繁榮，促成文化產業的發展。

1.2.2 創新理論

創新最初是由奧地利經濟學家約瑟夫·熊彼特提出的。1934 年，他在

Theory of Economic Development 中指出創新就是「建立一種新的生產函數」，把一種從來沒有過的生產條件和生產要素的「新組合」投入到生產體系中，是企業家通過新組合而產生新利潤的活動，包括新管理、新市場、新生產方法、新產品、新材料供給五種形式。類似於達爾文的進化論，經濟系統也存在「進化」現象，但是與之不同的是，達爾文的「物競天擇」強調的是外部環境的作用，而熊彼特的創新理論強調的是企業家內在「靈魂」對所有的要素的重構功能。正因為如此，熊彼特的創新理論成為 20 世紀最引人注目的學說。把這一創新理論具體化的是邁克爾·波特，他認為創新的概念應該更廣泛，它不僅是新技術，而且也是新態度或新方法。他還從經濟系統動力的角度提出國家競爭優勢演變過程中的四個階段。其中，第三階段是創新導向階段，該階段重點發展了熊彼特的「創新理論」。在這裡，企業家內在「靈魂」對所有的要素的重構功能是通過動力系統——鑽石體系實現的，這個動力系統放在一個國家範圍內思考就是四種經濟驅動模式。誠然，熊彼特的創新理論指出了經濟系統中物與物之間組合和某個英雄式人物（或說企業家）的關係，但是這個創新系統是有缺陷的，即企業家與非企業家之間的關係對經濟系統的作用也舉足輕重，邁克爾·波特的鑽石模型彌補了這一方面的論述。與此同時，現代管理學之父彼得·德魯克對創新概念也有深入闡述，他在《創新與企業家精神》中指出，創新不單是一個技術的概念，而且是一個經濟社會的概念。因此，廣義的創新還包括機制、法制、體制等方面的制度創新，即我們理論上所說的改革。從通俗意義上講，文化是重構的靈魂，企業家精神、制度創新是文化內容展現，因此，創新的原理就是文化對生產要素的重組形成文化產業的理論解釋。

熊彼特提出創新理論以後，被稱為和凱恩斯並列的偉大的經濟學家，但是其創新理論並沒有被高度重視。20 世紀 50 年代後，工業經濟逐步發展成熟，資本主義經濟發展遇到瓶頸，經濟學家開始研究創新本質、影響及創新組織等問題，從而產生了創新理論的兩個分支：制度創新論和技術創新論，前者以組織管理變革為研究內容，而後者以技術創新為研究內容。技術創新論認為技術跟資本、勞動力一樣，是經濟增長的主要因素，技術創新是經濟增長的內生變量[①]；制度創新論對創新的外部環境進行研究分析，認為制度創新會引起並影

---

① SOLOW R M. A contribution to the theory of economic growth [J]. The quarterly journal of economics, 1956, 70 (1): 65-94.

響技術創新。這兩個理論都是強調創新的線性，也就是早期的線性創新模式。

20世紀80年代以後，創新研究範式發生變化，「系統範式」被普遍接受。隨著經濟學家對創新過程分析研究的深化，創新活動從傳統的線性的、單向的創新轉向非線性的、互動的系統範式的創新，從而系統化思想在創新研究中出現，產生創新系統的概念。如今，創新已經滲透到政治、經濟、商業、藝術以及人類工作、生活和學習等領域的方方面面，創新研究逐漸向綜合化和更深層次發展，表1-1為不同學者對創新的定義。

表1-1　　　　　　　　　　創新理論內涵

彼得·德魯克（Druck）：創新是指賦予資源以新的創造財富能力的行為，包括技術創新和社會創新。技術創新是在自然界中為某種自然物找到新的應用，並賦予新的經濟價值；社會創新是在經濟與社會中創造一種新的管理機構、管理方式或管理手段，從而在資源配置中取得很大的經濟價值與社會價值
納爾遜（Nelson）和溫特（Winter）：創新是一個學習、搜尋和（社會）選擇的過程，技術變遷可以作為一個演進的過程來理解
道格拉斯·諾斯（Douglass North）：制度創新是使創新者獲得追加利益的現存制度安排的一種變革。制度之所以會被創新，是因為創新的預期淨收益大於預期的成本，而這些收益在現存的制度安排下是無法實現的，只有通過人為的、主動的變革現存制度中的阻礙因素，才可能會獲得預期的收益
安德爾森（Anderson）：創新系統是指與經濟相關聯的系列創新活動通過相互依賴的專業化分工而形成的整體
傅家驥：技術創新就是技術變為商品並在市場上銷售得以實現其價值，從而獲得經濟效益過程和行為

資料來源：創新驅動發展戰略. 成都：四川人民出版社，2014.

把創新理論應用在文化產業的發展上，不難看出在文化產業發展過程中創新是重要驅動因素。如圖1-1所示，創新可以促使文化產業的形成，其中核心環節是創新組合實現、文化內容產生、文化載體形成。創新理論對文化產業發展的形成具有以下幾方面的重要啟示：

第一，文化產業發展是一個技術變革、社會和文化進步、制度演進相互作用的系統實踐過程，其實質是某類文化的實現過程，這個過程需要通過創新實現。內生增長理論、新制度經濟學、可持續發展理論、創新經濟學、演化經濟學的相關研究已經表明，經濟發展受到社會、制度、文化及技術等各因素相互作用和影響，創新理論不是變革因素的羅列，而是各種因素相互作用的方法，是創新變革的機制，「企業家」是變革機制主導者。文化產業在一定程度上是這種變革的實現和引領載體。

第二，創新—發展的過程是一個持續的非常複雜的螺旋過程，一般情況下創新的實現包括以下六個過程：找到問題和確定目的、基礎知識和應用知識研究、研究開發、商業化模式建立、創新成果轉化為產業、實現企業家的創新理念。這個過程就是文化內容的產業化的實現過程。

第三，創新—發展是由政府干預和市場機制共同實現的。這是由創新的特性決定的——不確定性和外部性，其中，不確定性是指結果、速度、創新方向的不確定性，包括接受者對創新的接受不確定性、創新效益不確定性、創新內部和外部環境不確定性。創新是非完全排他產品，具有一定的外部性。不確定性和外部性會導致市場失靈，需要在市場經濟條件下的政府干預。而由創新產生的文化產業也具備這種特徵，因此，和其他產業不同的是文化產業發展中政府的引導和支持更為重要。

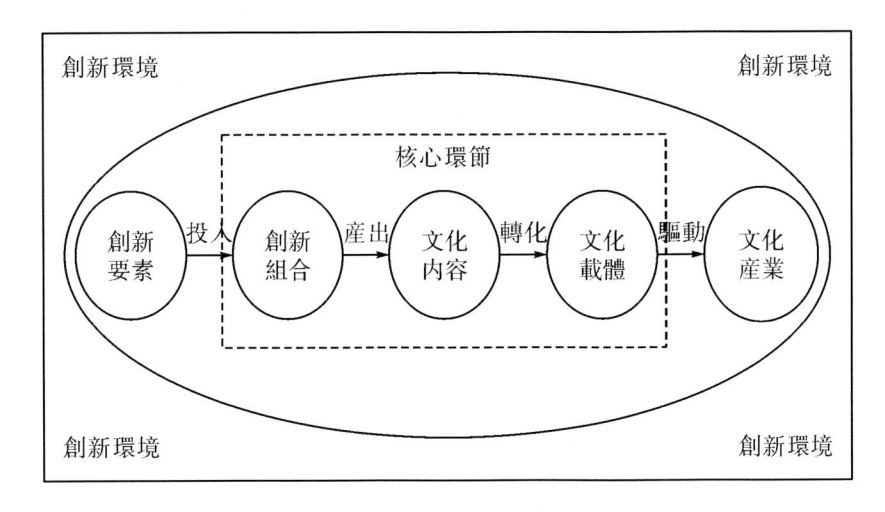

圖1-1　創新驅動文化產業發展的基本環節

1.3　文化產業的分類

文化產業的分類標準、分類情況不僅僅是文化產業作為經濟產業在統計上的需要，它在一定程度上還體現了一個國家對文化產業發展的產業政策取向，對文化產業發展具有較強的導向性。在經濟學領域，產業分為第一產業、第二產業和第三產業，第二產業又分為重工業和輕工業。而文化產業是根據其特性劃分出來的，在經濟統計中，文化產業可以是第一產業，也可以屬於第二產業和第三產

業，具體如何區分，則要視作為商品的具體的文化產品載體的特點而定。

1.3.1 美日的文化產業分類

在國際上，各國對文化產業的界定不同，產業分類標準有差異，因此，對文化產業的分類也各不相同。作為當今世界文化產業最強的國家，美國按照「北美產業分類體系（NAICS）」將文化產業分為三大類：第一類為娛樂與電子傳媒業，主要包括電影、電視劇、光盤、有線電視等行業；第二類是廣播印刷與出版業，包括報紙、雜誌、書籍的出版印刷以及其他商業品的印刷行業；第三類為旅行與旅遊產業，包括住宿等 30 個與旅遊相關的部門。英國在文化產業方面非常重視文化創意產業，在國際範圍內最先提出「創意產業」的概念。依據創意產業發展的理念，英國將文化產業分為四類：表演藝術產業、文化藝術產業、音樂產業和彩票業。日本文化產業強調文化的內容屬性，基於這種理念，日本將文化產業劃分為三類：第一類是內容製造業，具體包括工作站和網絡、電視、多媒體系建構、數字影像處理、數字影像發送、錄像軟件、音樂錄制、書籍雜誌、新聞、汽車導航等十個副類；第二類為休閒產業，具體包括學習休閒、鑒賞休閒、運動設施和學校、體育比賽售票、國內旅遊、電子游戲、音樂伴唱等七個副類；第三類是時尚產業，具體包括時尚設計、化妝兩個副類。日本文化產業的具體分類情況見表 1-2。

表 1-2　　　　　　　　　　　**日本文化產業分類**

文化產業類別	構成	
內容製造業	（1）工作站、網絡； （2）電視； （3）多媒體系統建構； （4）數字影像處理； （5）數字影像發送；	（6）錄像軟件； （7）音樂錄制； （8）書籍雜誌； （9）新聞； （10）汽車導航
休閒產業	（1）學習休閒； （2）鑒賞休閒； （3）運動設施、學校； （4）體育比賽售票；	（5）國內旅遊； （6）電子游戲； （7）音樂伴唱
時尚產業	（1）時尚設計；	（2）化妝

1.3.2 中國文化產業分類

在中國，從明確提出文化產業概念至今，隨著文化產業理論和實踐的發

展，中國文化產業的行業分類不斷發展完善。2004 年國家統計局頒布的《文化及相關產業分類》是比較系統的分類標準，把文化產業分為三類行業：第一類是生產和銷售以相對獨立的物態形式出現的文化產品的行業，如影視、報刊、音像製品、圖書的生產和銷售行業；第二類是以勞務形式出現的文化服務行業，如演出、戲劇舞蹈、娛樂體育、經紀業、策劃等；第三類是向其他商品和行業提供文化附加值的行業，如裝飾、裝潢、文化旅遊、形象設計等行業。從文化產業中各行業在產業內所處地位是核心還是外圍的角度又將文化產業分為三個層次，包括文化產業核心層、文化產業外圍層與相關文化產業層。文化產業三個層次的具體劃分和構成情況見表 1-3。

表 1-3　　　　　　　　　《文化及相關產業分類 2004》

文化產業的層次	具體構成
文化產業核心層	新聞服務；出版發行和版權服務；廣播、電視、電影服務；文化藝術服務
文化產業外圍層	網絡文化服務；文化休閒娛樂服務；其他文化服務
相關文化產業層	文化用品、設備及相關文化產品的生產；文化用品、設備及相關文化產品的銷售

資料來源：國家統計局。

近年來，隨著中國文化產業的深入發展，文化產業發展過程中呈現出一系列新變化、新情況、新業態。2012 年，中國對文化產業分類標準進行了修訂。按照《文化及相關產業分類（2012）》，中國對文化產業不再進行三個層次的劃分，而是從文化產品的生產活動、文化相關產品的生產兩個方面，將文化產業及其相關產業分為 10 個大類，如表 1-4 所示。其中，文化產品的生產領域包括工藝美術品的生產、新聞出版發行服務、廣播電視電影服務、文化信息傳輸服務、文化藝術服務、文化休閒娛樂服務、文化創意和設計服務等 7 大類；文化相關產品領域包括文化專用設備的生產、文化用品的生產和文化產品的輔助生產等三大類。① 文化產業分類標準的變化在一定程度上反應了中國文化產業的發展、變化情況以及中國對文化產業認識的發展變化，《文化及相關產業分類（2012）》成為目前國內對文化產業進行行業類別劃分的依據。

---

① 國家統計局. 文化及相關產業分類 2012 ［EB/OL］. （2012-08-01）［2016-06-01］. http://www.stats.gov.cn/tjsj/tjbz/201207/t20120731.8672.html.

文化產業的分類不會一成不變。今後，隨著科技的發展、信息技術的進步，文化的表現形式和傳播手段將日趨多樣化，由此將給文化產業帶來更大更迅速地發展變化。文化產業領域內新的行業、部門會不斷產生，文化產業新業態將會不斷出現，如此一來，文化產業的分類也會相應地發生變化。

表 1-4　　　　　　　　　《文化及相關產業分類（2012）》

第一部分　　文化產品的生產
（1）新聞出版發行服務
（2）廣播電視電影服務
（3）文化藝術服務
（4）文化信息傳輸服務
（5）文化創意和設計服務
（6）文化休閒娛樂服務
（7）工藝美術品的生產
第二部分　　文化相關產品的生產
（8）文化產品生產的輔助生產
（9）文化用品的生產
（10）文化專用設備的生產
對延伸層文化生產活動內容的說明

資料來源：國家統計局。

1.4　研究方法

為了論之有據、言之有理，本書主要采用了以下五種研究方法。

1.4.1　歸納法

歸納法是對觀察、實驗和調查所得到的個別事實概括出一般原理的一種思維方式和推理形式。本書通過歸納法來梳理國內外文化產業發展的相關文獻，對文化產業問題進行歸納分析。

1.4.2 問卷調查法

問卷調查法也稱為「書面調查法」，或稱「填表法」，是用書面形式間接搜集研究材料的一種調查手段。這是通過向調查者發出簡明扼要的徵詢單（表），請示填寫對有關問題的意見和建議來間接獲得材料和信息的一種方法。按照問卷填答者的不同，可將問卷分為自填式問卷調查和代填式問卷調查。其中，自填式問卷調查問卷，按照問卷傳遞方式的不同，可分為報刊問卷調查、郵政問卷調查和送發問卷調查；代填式問卷調查按照與被調查者交談方式的不同，可分為訪問問卷調查和電話問卷調查。本書通過對四川省委黨校主體班學員的調查問卷，研究文化產業發展面臨的問題和困境，並分析文化產業發展的要素特徵，從而探索文化產業發展的路徑和對策。

1.4.3 演繹法

演繹法就是從一般性的前提出發，通過推導即「演繹」，得出具體陳述或個別結論的過程。演繹推理的邏輯形式對於理性的重要意義在於，它對人的思維保持嚴密性、一貫性有著不可替代的校正作用。本書通過符號學和產業經濟學的相關概念，演繹出文化產業的概念和發展機理，並在此基礎上研究文化產業的相關發展問題。

1.4.4 定性和定量分析方法

定量研究一般是為了對特定研究對象的總體得出統計結果而進行的。定性研究具有探索性、診斷性和預測性等特點，它並不追求精確的結論，而只是瞭解問題之所在，摸清情況，得出感性認識。定性研究的主要方法包括：與幾個人面談的小組訪問，要求詳細回答的深度訪問，以及各種投影技術等。在定量研究中，信息都是用某種數字來表示的。本書通過考察研究後，對文化進行定性分析的同時整理相關統計數據進行定量分析，從而使研究更加客觀。

1.4.5 交叉學科的研究方法

所謂交叉學科研究，其實就是指學科間的相互滲透，簡單來說就是學科中不再是以單純的某一個學科知識，而是形成了你中有我，我中有你的局面。隨著社會的發展，各學科不再局限於單純的某一領域的研究，而是跨學科、跨領域研究，如現在的生物、物理和化學間的各種交叉研究的成果可以服務於醫學

等各種領域，這也適應了時代的發展需求。文化產業涉及民族學、文化學、人類學、哲學、產業經濟學等學科，因此，本書採取交叉學科的研究方法，綜合運用各學科相關理論分析文化產業發展問題。

2 文化產業發展機制

發展文化產業,需要在理念上明確文化產業發展機制。對於文化產業而言,由於其包含文化這一特殊要素,是屬人性的,所以文化產品的價值確定具有強烈的主觀色彩,其價值高低隨著不同人對其認可、喜好程度的不同而有所差異,很難有統一的、客觀的衡量標準。因此,文化產品的價值很難用一般供求關係以及價值規律來確定,這樣就產生了文化產業如何發展的困惑。要解決這一問題,就要理清文化產業發展機制。

2.1 文化產業發展理念

文化產業發展理念是文化產業發展的內在運行依據,發展理念不同,文化產業發展的方向、範圍、思路、途徑等也就不同。目前,理論界對文化產業發展理念的認識存在分歧,對文化產業發展方向、範圍和思路的困惑,源於對文化產業發展理念認識上的模糊。

2.1.1 中國文化產業發展理念的變遷

在中國,「文化產業」雖然早在 2001 年的「十五」規劃建議中就已經提出,且之後的中央文件也屢次涉及文化產業的發展問題(具體情況見表 2-1),但在 2009 年之前中國文化產業並沒有實質性的跨越發展,文化產業和文化事業的範疇界定模糊。到 2009 年,國際金融危機和歐洲國家債務危機蔓延,中國的外向型經濟發展受到較大衝擊,對外貿易順差逐步減少甚至個別月份出現赤字,亟待轉變經濟發展方式、尋找新的經濟增長引擎,在這種情況下,2010 年中國連續出抬兩份文件支持文化產業發展。在 2011 年 10 月,十七屆六中全

會通過了《中共中央關於深化文化體制改革、推動社會主義文化大發展大繁榮若干重大問題的決定》（以下簡稱《決定》）。《決定》將文化產業的發展提升到國民經濟的重要地位，將文化產業界定為國民經濟的支柱產業，由此文化產業在理論和政策層面上升到國民經濟支柱性產業的地位。而後中國的文化產業發展思路逐步由宏觀向微觀具體化，通過實踐發現文化產業和其他產業的融合是文化產業發展的重要途徑，於是 2014 年初，中國頒布《關於推進文化創意和設計服務與相關產業融合發展的若干意見》《關於深入推進文化金融合作的意見》等。隨著文化產業規模的擴大，文化產業的發展問題逐漸暴露出來，如文化資源開發模式雷同、民族特色文化凸顯不夠、文化旅遊發展不可持續、文化產業鏈條過短的問題，等等。有的學者提出「文化不能產業化」[①] 的觀點，認為文化產業發展的問題是因為文化產業發展理念出了問題。2014 年 10 月習近平在京主持召開文藝工作座談會並發表重要講話，指明了文化產業發展的方向，要求把社會效益放在首位，同時滿足社會效益和經濟效益相統一。2015 年 9 月《關於繁榮發展社會主義文藝的意見》又重申了習近平講話內容，強調文化產業的社會效益。至此，中國文化產業的發展方向已經非常明確了，其基本理念是社會效益和經濟效益相統一。

表 2-1　　　　　　　　涉及文化產業的中央文件

時間	文件	內容
2001 年 3 月	「十五」規劃建議	首次提出「文化產業」
2002 年 11 月	十六大	文化產業的發展和文化體制改革
2007 年 10 月	十七大	「文化軟實力」
2009 年 7 月	《文化產業振興規劃》	做好八項重點工作，吸引社會資本和外資進入、加大政府投入、加大稅收和金融等政策支持
2010 年 4 月	《關於金融支持文化產業振興和發展繁榮的指導意見》	大力發展多層次資本市場，擴大文化企業的直接融資規模，探索開展文化產業項目的資產證券化試點，鼓勵風投、私募等風險偏好型投資者積極進入新興文化產業

---

① 馮驥才. 文化不能產業化和政績化 [N]. 海南日報，2011-06-20.

表2-1(續)

時間	文件	內容
2010年10月	「十二五」規劃建議	推動文化大發展大繁榮，提升國家文化軟實力；培育骨幹文化企業和戰略投資者，鼓勵和引導非公有制經濟進入；推動文化產業成為國民經濟支柱性產業
2011年10月	《中共中央關於深化文化體制改革、推動社會主義文化大發展大繁榮若干重大問題的決定》	加快發展文化產業，推動文化產業成為國民經濟支柱性產業，進一步深化改革開放，加快構建有利於文化繁榮發展的體制機制
2012年2月	《國家「十二五」時期文化改革發展規劃綱要》	文化產業增加值占國民經濟比重顯著提升，文化產業推動經濟發展方式轉變的作用明顯增強，逐步成長為國民經濟支柱性產業
2014年2月	《關於推進文化創意和設計服務與相關產業融合發展的若干意見》	動力是改革創新和科技進步，核心是知識產權的保護和利用、創新型人力資源的開發，理念是牢固樹立綠色節能環保的意識，途徑是充分發揮市場作用、促進資源合理配置、強化創新驅動
2014年3月	《關於深入推進文化金融合作的意見》	創新文化金融服務組織形式，建立完善文化金融仲介服務體系，探索創建文化金融合作試驗區，創新符合文化產業發展需求特點的金融產品與服務
2014年4月	《文化體制改革中經營性文化事業單位轉制為企業的規定》《進一步支持文化企業發展的規定》	出資人制度、股權結構和經營者激勵約束等企業制度方面做了系統的、根本性的突破
2014年5月	《關於支持電影發展若干經濟政策的通知》	提出加大電影精品專項資金支持力度、通過文化產業發展專項資金重點支持電影產業發展等舉措
2014年7月	《關於大力支持小微文化企業發展的實施意見》	明確以「積極營造有利於小微文化企業創新能力、擴大發展規模、促進企業可持續發展的良好環境，進一步解放文化生產力，激發全社會文化創造活力」為目標，集中各方資源，運用多種政策手段，對小微文化企業自身發展能力和外部發展環境中具有共性的問題提出針對性的、普惠性的措施

表2-1(續)

時間	文件	內容
2014年10月	習近平在京主持召開文藝工作座談會並發表重要講話	一部好的作品，應該是把社會效益放在首位，同時也應該是社會效益和經濟效益相統一的作品。文藝不能當市場的奴隸，不要沾滿了銅臭氣。優秀的文藝作品，最好是既能在思想上、藝術上取得成功，又能在市場上受到歡迎
2014年11月	《關於繼續實施文化體制改革中經營性文化事業單位轉制為企業若干稅收政策的通知》	由財政部門撥付事業經費的文化單位轉制為企業，自轉制註冊之日起對其自用房產免徵房產稅
2015年10月	《關於繁榮發展社會主義文藝的意見》	繁榮發展社會主義文藝，要堅持以人民為中心的創作導向，為人民抒寫、為人民抒情，建立經得起人民檢驗的評價標準

2.1.2 國內外的文化產業發展理念

在社會效益和經濟效益統一的基本理念指導下，如何具體發展文化產業？對於文化產業發展理念的認識，國內外學者具有不同的看法。目前，國內外文獻關於文化產業具體發展理念的研究主要集中在以下幾個方面：

第一，從文化產業概念的角度闡述文化產業發展理念。國內外文獻對文化產業的稱謂不同，不同的稱謂代表了不同的發展重點，如文化產業概念強調的是大文化產業，即文化和其他三次產業結合發展的產業，平臺和技術發展尤為重要；版權產業強調的是具備知識產權的產品的生產活動，知識產權保護就尤為重要；創意產業強調的是人腦的活動所衍生出的經濟行為所形成的產業，創新就尤為重要，等等。總的來說，對文化產業概念的界定直接決定了文化產業的發展理念。在國內，關於文化產業概念的爭論主要集中在文化和產業的關係上。對於文化產業的概念，一些學者認為，文化產業在本質上不屬於文化的範疇，而屬於經濟的範疇（李向陽，2005），另一些學者只承認文化產業，否定文化產業化（馮驥才，2011），還有一部分學者從區分文化產業與文化事業的層面來界定文化產業（辛向陽，2012）。本書是從經濟層面來研究文化產業的發展問題。文化產業的發展強調的是各產業融合發展，是大文化範疇。

第二，從文化產業發展模式的角度闡述文化產業發展理念。對於文化產業

发展模式，国外文献的研究侧重于对文化产业政策支持理念的研究。各个国家基于各自不同的经济发展模式和管理制度，提出了不同的文化产业发展理念。目前，文化产业发展理念主要有以下三种：一是以美国为代表的产权制度驱动型发展模式，在美国文化产业并未作为单独的一类产业进行专门发展，没有具体的政策来推动或者规范，也没有设立国家层面专门的文化管理部门，更没有对文化产业的发展进行规划、指导和管理，但是美国制定并实施了一整套关于鼓励文化领域创新、文化产品知识产权保护、盗版侵权打击、反垄断等制度①，这些制度推动了美国科技创新加版权保护②的文化产业发展模式的形成，从而促使文化产业成为美国的重要支柱产业。二是以欧洲为代表的旅游文化推动型发展模式，如法国普罗旺斯系列小镇等，这类文化产业的发展是和人文环境、生活方式、生态资源紧密联系的，更确切地说是打造了一个文化生活系统，这种发展模式包容性强，既适用于发达地区也适用于落后地区，是一种以人为本的发展模式。三是以日韩为代表的政策鼓励型发展模式，日韩文化产业的发展政策以重商主义的思想为指导，重视本国文化生产和出口，限制外国文化产品的进口和在本国的生产，通过规模效应推动本国特色文化产业集群发展，如日本的动漫、韩国的影视等。

第三，从产权保护的角度阐述文化产业发展理念。产权一直是文化产业发展的基石。由于文化产品是由人的大脑创造产生的，属于精神产品，具有鲜明的人文色彩，产权的保护对于文化产品价值化非常重要，因此，国外较多文献都从产权保护的角度阐述文化产业发展理念。事实上，文化产品产权保护的范畴远远大于知识产权保护范畴，随着文化对各个行业的渗透，知识产权之外的文化产品产权认定和保护成为新的研究方向，如对设计等时尚业文化产品产权保护问题（Kal Raustiala & Christopher Sprigman，2006)③ 的研究等。目前，这方面的文献主要从法律角度对文化产品产权保护之类的问题进行研究，从市场机制角度进行的研究较少。但从实践上看，利用市场机制促进文化产品产权保护的效果更好，如通过文化产品交易市场的建设和规范运行可以较好地体现对文化产品产权的保护。由于理论研究的局限，从产权保护的角度阐释文化产业发展理念的研究未免有跛脚之嫌。

---

① 胡青丹. 发达国家文化产业发展战略探析 [J]. 经济师，2009（11）：73-75.
② 卢品颖. 国内外文化产业发展模式比较 [N]. 学习时报，2010-11-22.
③ RAUSTIALA K, SPRIGMAN C. The Piracy Paradox: Innovation And Intellectual Property In Fashion Design [J]. Virginia Law Review, 2006, 92: 1688-1718.

總之，文化產業發展理念受到地域特徵、產業基礎、人文條件的限制，究竟採取何種理念要因地制宜，具體問題具體分析。

2.1.3 文化產業發展理念

「文化產業究竟是需要用經濟發展的規律來指導，還是用文化發展的規律來指導？」①這是中國文化產業發展不可迴避的問題。2014年10月，習近平指出：「文藝不能當市場的奴隸，不要沾滿了銅臭氣。優秀的文藝作品，最好是既能在思想上、藝術上取得成功，又能在市場上受到歡迎。」2015年9月，習近平又指出：「繁榮發展社會主義文藝……要聚焦中國夢的時代主題，培育和弘揚社會主義核心價值觀，唱響愛國主義主旋律，傳承和弘揚中華優秀傳統文化，讓中國精神成為社會主義文藝的靈魂。」這為中國文化產業發展理念提供了方向。中國精神是文化產業的核心內容，市場經濟是文化產業的發展載體，這符合老子的「有無相生」的理念，其中中國精神是「無」，市場經濟是提供「有」的場所，文化產業就是用無形的中國精神作為內容，市場經濟中的各個產業作為載體發展的，這個理念是中國文化產業發展的「中庸之道」。

文化產業發展的具體理念包含以下幾個方面的內容：

第一，文化產業發展的是「大眾文化」。作為產業，文化產業生產的必然是「大眾文化」產品，因為只有大眾化的產品才能產業化，或者反過來說產業化必然會推動大眾化。「曲高和寡」「陽春白雪」的文化產品不可能得到廣大消費者的認可，這樣的產品必然缺乏市場基礎，只能停留在純精神層面，不可能「產業化」，不可能被大規模生產和消費。從歷史發展的角度來看，在早期，文化創造製作、文化生產只是為少數貴族或生產製作者自己娛樂、消遣，不是為市場而生產，那時的文化是貴族文化或精英文化，這種文化的消費只局限於社會少部分人，由此注定這樣的文化產品不可能以商品的形式大規模地創造和生產，自然也就談不上文化產品的產業化。

第二，通過拓展文化產業化的範疇來推動文化產業發展。文化領域的哪些內容可以進一步產業化？應該說，能夠價值化和貨幣化的文化都可以產業化，文化產業發展應該是所有能夠價值化、貨幣化的文化產品生產、流通和消費的發展。這類文化產品符合老子的「有無相生」原理，文化這種無形的存在由相關的載體來表現，而能夠價值化和貨幣化的文化產品也必然擁有可以貨幣化

---

① 江海洋. 文化如何產業化 [N]. 新民周刊，2010-02-03.

的載體，這種載體可以是無形的，如音樂、影視等，也可以是有形的，如工業產品等。這樣文化產業化的範疇就不單單限制在傳統的文化產業（藝術等核心文化產業）中，文化產業和其他產業的融合發展也屬於文化產業發展範疇，這將是文化產業發展的重要動力。當然，文化產業化的結果會給文化產品創造者、製作者提出較大挑戰，因為批量生產文化產品以後，文化產品價值的認定、報酬的獲得在很大程度上將取決於文化產品產權認定機制。文化領域產權認定機制的完善是拓展文化產業化範疇的前提。

第三，尋找中國文化產業的個性與國內外各民族文化產業發展共性的耦合點。中國文化產業的優勢在於各族文化的獨特性，這是文化產業的個性。而文化產業的共性包含兩個層次：其一，從文化角度來看，各民族文化中都有促進發展、塑造人性、保持心靈平靜的部分是各個國家、各個地區、各個民族文化產業的共性；其二，從產業角度來看，文化產業領域現代化和市場化的手段即市場經濟體制下文化產業化的方法，也是各國、各地區、各民族文化產業的共性。

從世界範圍來看，現代文化產業成功模式都包含核心層文化行業的繁榮。核心層文化行業的發展不僅依賴特色文化，還加入了技術、資金、管理等其他產業發展所必需的生產要素，如好萊塢影視基地的發展壯大不僅得益於功能強大的影視產品，還有大量投入的資金，融入了大量的現代影視製作技術以及現代管理技術。目前文化產業發展集中在文化產品的直接生產層面，即民族特色工藝品、民族影視產品的生產和民族文化旅遊等，按照2004年中國對文化產業行業的統計分類，文化旅遊等行業處於文化產業外圍層，主要彰顯中國民族文化個性。文化產業發展欠缺除了民族文化以外的其他生產要素，即作為文化產業共性部分的民族文化產品的現代化和市場化程度較低。因此，文化產業發展的切入點應該是強化中國文化產業發展的共性部分，加快文化產業現代化、市場化步伐。

第四，文化產業要利用市場經濟規律，在保持特色文化的同時以先進文化為主要發展對象。強化文化產業共性，加快文化產業現代化、市場化發展步伐，需要著重做好兩個方面的工作：一是弘揚民族文化中積極向上的文化。通過整個中華民族以及國內各民族文化中積極向上的文化的大規模產業化發展，既可以提高全國各族人民的文化素質和精神素養，又可以讓中華文化廣為傳播、走向世界，這不僅可以讓世界瞭解中華文化，還可以拓展中國文化產業

發展空間，促進中國文化產業發展。二是總結產業發展規律，把經濟規律用在文化產業發展上，促進中華民族文化的商品化和市場化發展。其中，如何將民族個性的文化元素與現代化、市場化的文化產品生產製作手段相結合是文化產業發展的關鍵。

總之，文化產業發展的基本理念是用經濟規律發展文化產業，即在市場機制下，以提高大眾文化水準為目的來生產文化這一特殊商品。通過把中國民族傳統文化和市場經濟手段相結合，彰顯民族優秀傳統文化個性的同時提高中國整體文化發展水準，從而實現社會經濟全面發展。

2.2　文化產業成為支柱性產業的前提——創新

法國普魯斯特曾說：「通往新發現的唯一且真實的旅程不在於尋找新的風景，而是擁有一雙新的眼睛。」人類在改造自然的過程中從沒有創造出一件新的事物，所謂的創新也不過是利用自然的各種要素不斷解構和重組的過程。文化的產生是人認識客觀世界後在人腦中的意識重構，它的實質就是創新。因此，文化產業的發展的根本就是創新的實現。文化產業發展路徑的核心就是創新，這是文化產業跨越式發展成為支柱性產業的重中之重。

2.2.1　**創新的本質**

創新貫穿著整個人類發展歷史，是一種活動，它是無形的，因此很難把握和實現。創新使用的工具是人的大腦，創新活動的結果是形成文化，那麼究竟什麼是創新？

1. 創新的含義

中國傳統文化對創新二字的含義已經做了深刻的解釋。「創」的金文是 ，是人拿斧頭砍樹的圖案，因為早期人類改造自然的活動開始於砍樹造房屋，因此《廣雅》中指出「創，始也」。人類「創」的活動使得樹木離開原來生長環境，這是把樹木改造成其他事物的前提，其實質是解構的過程。於是又有了《國語·周語》的「以創制天下」的論述。總的來說，「創」字在古代是砍伐樹木建造房屋的意思，如顧炎武在《復庵記》說道：「華下之人或助之材，以創是庵而居之。」「新」字的甲骨文是 ，也是用斧頭砍伐樹木的圖案。許慎在《說文解字》中指出「新，取木也」；章炳麟的《論承用「維新」二

字之荒謬》解釋道：「衣之始裁為之初，木之始伐謂之新。」創新二字合起來也是用斧頭砍伐樹木建造房屋的意思。砍樹木是把樹木解構成木材的過程，建造房屋是把木材重新組合，房屋是組合的結果，它不再叫作樹木，而是一個新事物——房屋。可見，創新並沒有改變物質的本質，而是組合方式的變化。如以下三幅圖所示，圖2-1是用鋼叉和鋼勺組合而成的藝術品，原本是叉和勺，組合方式發生了變化後就成了新事物——花朵；圖2-2，樹木和壁畫組合在一起，成了一個男人的頭；圖2-3是一幅美女的肖像畫，其實它原本是一堆鉛，在圖紙上不同位置塗抹不同濃度，最後形成了一幅美女圖。可見，創新就是解構後的重構。

圖2-1　創新案例一

圖 2-2　創新案例二

圖 2-3　創新案例三

2. 創新的核心要素

但是，創新只是簡單的排列組合嗎？創新的解構和重構都是基於人的認知

能力和認知累積，因此創新的實質是人對客觀世界認識和改造的表達，包括情感、理性、規律等。創新的靈魂是人的靈魂，創新的核心要素是人。這一點從藝術的創作上可以看出，因為藝術是最直接的創新活動，如畢加索的畫。畢加索就是利用色彩和線條的組合，創立了立體主義畫風，解剖自己靈魂的同時創新了繪畫的表達方式。他曾說過：「我的每幅畫都裝著我的血，這就是我的畫的含義。」如圖2-4所示，畢加索兩幅畫畫的是同一個人──朵拉，左邊一幅是畢加索剛和朵拉談戀愛的時候畫的，線條以圓滑的曲線為主，色彩以對比不強的柔和顏色組成，雖然不是寫實的畫法，但是給人溫暖的感覺，這些線條和色彩的組合表達的是畢加索的愛；右邊一幅是畢加索和朵拉分手的時候畫的，線條棱角分明，像一把刀刻在臉上，色彩對比鮮明，整體給人很生硬的感覺，這些線條和色彩的組合表達的是畢加索的厭惡。人物是同一個，但是創作者的感受變化了，所呈現的結果也不同。造成兩幅畫差異的直接原因是畢加索的情感。因此，創新的核心是人的表達和認知。

圖2-4　畢加索畫的同一個人──朵拉

2.2.2　創新與文化產業的形成

創新的核心要素是人，產業的培育和形成就是人的需求得到滿足的過程。創新活動的產業化就是產業的形成過程，因此第一、二、三產業的形成都源於創新。創新的結果產生了文化產業，這個結果物質化就是當前第一、二、三產業形態。文化產業是各個產業的前置過程。正是因為文化產業這一特殊特徵，文化產業可以嵌入第一、二、三產業的發展中，由此文化產業和其他產業的融合發展成為文化產業化的重要途徑。

1. 創新活動的產業化

創新活動的產業化是創新形成產業的過程，是在創造者的理念指導下通過重新組合要素形成新產品以滿足人類需求的過程。

例如農夫山泉，並沒有生產出水這個產品，它是在原生態、健康天然的理念指導下，將天然的礦泉水和塑料瓶組合，從而稱其是「大自然的搬運工」，由此來樹立品牌形象、創造價值，並滿足人對天然礦泉水的需求。

又如蘋果手機的製造。蘋果手機 CPU 不如小米高，質量不如諾基亞好，時尚度不如魅族高，音樂沒有索愛好，機身沒有摩托羅拉薄，但是它的價格卻是最貴的，因為它在喬布斯理性主義的理念指導下，把各種品牌手機的優秀功能組合在一起，創造了最好的使用舒適感，產生了最能滿足人們需求的手機。

上述所舉的例子就是創新的產業化過程，創新產業化形成了礦泉水行業和手機通信行業。在礦泉水行業和手機通信行業形成之前，創新行為並沒有單獨價值化，在市場經濟中由於創新的無形性，通常在產品價格中包括創新部分價值。進入 21 世紀後，隨著物質產品的豐富，人的需求更加無形化，「走心」的商品逐漸暢銷，文化產業作為創意的載體從物質生產中獨立出來，延長了商品生產的價值鏈。由此可見，文化產業是創新產業化的中間環節，創新是文化產業形成和發展的根本。

2. 創新的標準

既然創新是組合的變化，那麼是否所有的組合的創新變化都是好的？

第一，現代犬儒主義是否是好的創新？

學術界對犬儒主義的解釋沒有定論，這裡所謂的現代犬儒主義是指憤世嫉俗、反叛的理念。現代犬儒主義的確可以達到博人眼球的作用，但是並不是所有的現代犬儒主義都是好的創新。如 2008 年，「恒源祥」暨廣告詞「恒源祥，羊羊羊」取得巨大成功後，為了加深電視觀眾的印象，對廣告進行創新，重新組合廣告詞為「恒源祥，鼠鼠鼠；恒源祥，牛牛牛；恒源祥，虎虎虎；恒源祥，兔兔兔；恒源祥，龍龍龍；恒源祥，蛇蛇蛇；恒源祥，馬馬馬；恒源祥，羊羊羊；恒源祥，猴猴猴；恒源祥，雞雞雞；恒源祥，狗狗狗、恒源祥，豬豬豬」，並把這個廣告投放到中央電視臺，還沒等到十二生肖念完，觀眾都紛紛調臺了，最後因為嚴重影響收視率而停止播放此廣告，這次創新大大降低了恒源祥品牌價值，從而嚴重影響其銷售量。

第二，大眾喜歡的是否是好的創新？

在當今世界快餐文化的洗禮下，文化消費呈現市場導向特徵，生產企業者打出「只有你想不到，沒有我們做不到」的口號，那麼大眾所喜好的是否就是好的創新？通過調查，我們發現一部分藝術家、思想家等文化產品創造者的作品是創作很長時間後才被人們認可，如叔本華的《作為意志和表象的世界》第一版和第二版未能引起評論家和學術界絲毫興趣，購買者也寥寥無幾，引發其感嘆：「我不屬於這個時代。」但是第三版的出版引起巨大反響，他被評為具有世界意義的思想家，而後改變了幾代人的思想。第一版和第三版之間時隔40多年。

第三，創新的衡量標準是什麼？

由上述可知，現代犬儒主義和大眾喜好的都不一定是好的創新。現代犬儒主義不符合理性標準，而創新思想的認同受到大眾認知水準的限制，那麼大眾認同的創新由什麼決定？人的需求層次包括三個方面：類動物的人的需求，有趣味的人的需求，有意義的人的需求。人類的創新就是以滿足這三個方面的需求為動力和基礎的，其創新的層次也是分為這三個層次：類動物的人的需求是人作為一個生物體的基本需求，如吃穿住行等，如圖2-5；有趣味的人的需求是作為有思想的人創造性活動的需求，在這種活動中人獲得較大的滿足感，如電子游戲等產業的創新活動；有意義的人的需求是在滿足前兩種需求之後對社會使命感的滿足，如阿里巴巴模式成功後，其管理層的做法導致很多中層幹部辭職。據訪談，辭職幹部反應，中層幹部更向往在市場機制下利用不斷創新和技術進步推動阿里巴巴前進，對近年來阿里巴巴平衡政府、社會、企業之間的利益關係的做法很是失望。其實，阿里巴巴的發展路徑是必然的，是人性使然，管理層的做法是帶領阿里巴巴實現引領社會進步的使命，這種使命感的需求會推動阿里巴巴逐漸地多元化發展，更大規模和更大範圍地實現各種要素的整合創新。

以上這三個層次的創新都反應了人的本性規律，這是自然規律，符合人對真善美的認知規律。經過歷史驗證，只有那些符合真善美的規律要求的創新才能經得起時間的考驗，因此，創新的衡量標準是符合自然發展規律，滿足人類的需求，其終極標準就是符合對真善美的追求。

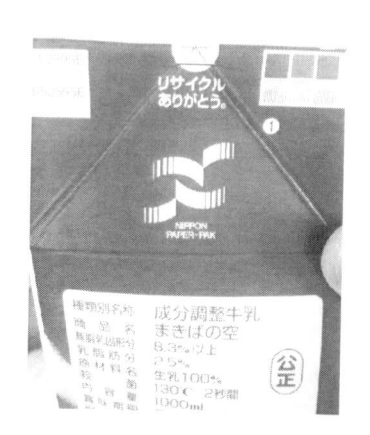

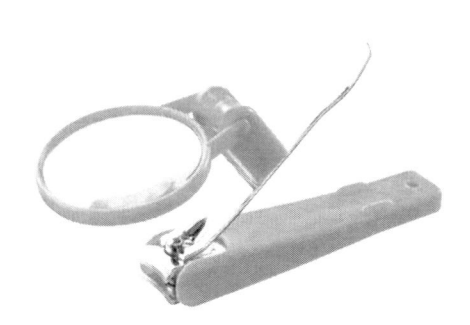

A. 牛奶盒上的「謝謝你對回收資源做出的努力」　　B. 老年人指甲刀

圖 2-5　食品和生活用品的創新設計

2.2.3　創新促進文化產業發展的路徑

作為一種低污染、低能耗、高附加值、高知識性的新型產業，文化產業對促進區域經濟增長、推動產城融合發展、加速產業創新和結構優化等方面具有重要作用。文化產業具有一定的發展基礎，要成為支柱性產業，其發展路徑應該立足於創新，把重點放在市場機制條件下建設文化產業支持體系和文化產業服務體系，這樣才能兼顧文化產業的個性和共性，解決文化產業發展的瓶頸。

本書設計的文化產業發展的一般路徑是在創新基礎上通過建設文化產業支持體系來促進文化產業化進程，具體而言包括資本市場建設、人才市場建設、文化建設、配套基礎設施建設、銷售渠道建設、民族文化內容生產、文化產品化、文化產品生產等內容，如圖 2-6 所示。具體內容由後面章節具體闡述。

```
                        創新
         ┌───────────────┴───────────────┐
    文化產業支持體系                  文化產業化
  ┌────┬────┬────┬────┬────┐      ┌────┬────┬────┐
 資本  人才  文化建設 配套基礎 銷售管道  民族文化  文化產品化 文化產品
                    設施              資源開發              生產
```

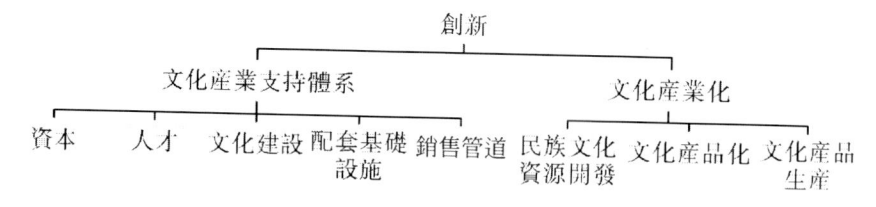

圖 2-6　文化產業成為支柱性產業的路徑

2.3 文化產業的發展機制

從產業發展的角度來看，文化產業的發展遵循一般的產業發展規律，由市場經濟規律、產業發展和運動規律支配。產品的生產、再生產由生產、交換、分配和消費等環節構成，並且在一定的制度環境中產生，與一般產業發展一樣，文化產業發展需要具備一系列條件，包括由文化產品及其相關產品的生產者、消費者等構成的市場主體，以及進行文化產品和相關產品交換的場所——文化產品市場，此外，還需要具備適宜文化產品生產消費發展的外部環境，包括政策環境、制度環境、文化環境等。同時，作為生產精神產品的文化產業，要受文化特徵規律和文化消費規律的制約，因此，文化產業發展機制還包含與文化發展相關的內容。文化產業發展需要這一系列因素的綜合作用，這就是文化產業的發展機制。

2.3.1 文化產業發展需要具備多種要素

馬克思指出，「宗教、家庭、國家、法律、道德、科學、藝術等，都不過是生產的一些特殊的方式，並且受生產的普遍規律的支配」。① 按照經濟規律和產業發展理論，任何產業的發展都需要有基本的發展要素，離開了基本的生產要素，任何產品的生產、任何產業的發展都很難實現。文化產業是文化產品及其相關產品的各種行業的集合，除了文化內容外，文化產業發展同樣需要多種生產要素的投入，包括勞動、資金、技術等一般性基本生產要素的投入。

1. 文化是文化產業發展的基礎性要素

無論是文化產品的生產還是文化產品的消費，文化產業發展的基礎都是文化。在文化產品的生產過程中，沒有文化內涵的資源不可能成為文化產業創造、開發或者是生產加工的對象，不可能開發成為大眾化的文化產品。從文化產品的價值角度來看，文化產品和文化服務的價值在很大程度上取決於其文化內涵。一般而言，文化含量高的文化產品的認可度較高，其價值相對較高且生命力較強，生命週期也較長；而文化含量低的產品市場價值較低，生命週期相對較短。

從文化產品和文化服務消費的角度來看，文化消費在很大程度上受消費者

---

① 中共中央馬克思恩格斯列寧斯大林著作編譯局. 馬克思恩格斯全集 [M]. 北京：人民出版社，2006.

文化素質的影響，消費者的文化素質決定了文化產品和服務的消費的廣度和深度。一般而言，消費者文化素質的高低與文化消費水準的高低成正比變化，文化素質越高，消費者的文化消費水準越高。事實也表明，文化素養相對較高的經濟發達地區及發達國家，民眾的文化消費水準和消費能力都普遍高於文化素養相對較低的經濟落後地區和欠發達國家。[①]

可見，文化是文化產業發展的基礎要素，文化產業發展首先要有文化的繁榮和發展。

2. 人的創新性勞動是文化產業發展的決定性因素

元素週期表上的元素沒有一種是人類創造發明的，因此所謂的「創新」是對地球上所有要素的重組，從而形成新的組合，即新物質或新產品。文化產品是知識密集型產品，它是人憑藉其智力、知識、特定的理念、意識等進行內容創造和生產的結果。文化產業生產過程中的「創新性勞動」是指把各種要素組合起來形成一種新的產品，而這種組合的設計和構思就是文化內容，它的實現即是文化產品的形成過程。這些要素組合就是文化產品形成的載體，可以是第一產業的產品，也可以是第二、第三產業的產品，即「文化+」的過程就是產業創新過程，這是文化產業發展的經濟意義。這種創新過程需要創新者、生產者具備相應的知識和創造力，生產具有文化內涵的產品。否則，文化產業就是無源之水、無本之木，其發展更是無從談起。因此，從發展路徑上講，發展文化產業首先要促進人才發展。

3. 資本是文化產業發展的必備要素

在市場經濟條件下，價格的表現形式是貨幣，它是商品流通的必要條件。文化產品要在市場中流通、利用市場機制就必須把文化產品貨幣化，這樣才能實現文化的產業化。而貨幣的累積就是資本的形成過程，資本形成後將促使新一輪產品生產週期的產生。文化產品的創造和生產、文化產品的商品化、文化產品和文化服務的供給等環節的運轉都伴隨著資本的流動，在現代市場經濟體系下，資本是實體經濟發展的重要動力，因此，資本是文化產業發展必不可少的重要因素，發展文化產業離不開資本市場。

---

① 鄧安球. 文化產業發展理論研究——兼論湖南文化產業發展 [D]. 南昌：江西財經大學，2009.

4. 先進的科學技術是文化產業發展的重要支撐

舒爾曼指出:「現代技術是現代文化得以建立的基礎。在很大程度上,我們的文化的未來將被技術控制和決定。」① 在文化產業發展過程中,如果把文化內容比喻為「道」,那麼先進科學技術就是文化產業發展的「術」。在現代經濟中,科學技術不僅是重要生產要素,而且是重要的推動力。

事實上,文化產業的許多行業本身就是科技進步的產物,如音響業是偉大科學家愛迪生發明留聲機的產物;有了19世紀末盧米埃爾兄弟發明的電影,才有了隨後電影業的興起和發展;20世紀30年代電子電視系統的成功發明,促成了電視業的產生和蓬勃發展;20世紀70年代激光照排技術的發明使傳統的書報出版業發生了革命性的變革;衛星傳播技術和信息高速公路的誕生導致了互聯網的產生和迅速發展,這給文化產品的傳播形式和傳播手段帶來巨大變革,極大地促進了文化產品商品化、貨幣化進程,直接推動了文化產業的發展。

現代科學技術不僅會促進文化產品的商品化、市場化,而且會改變文化產業的發展趨勢。如在過去,一般將文化分為文化藝術、廣播影視和新聞出版三個領域,然而,隨著信息傳播技術和手段的日益多樣化,這幾個行業之間的界限將不再明顯。廣播電視行業的有線電視網絡和無線移動網將逐漸發展成為整合文化資源的重要平臺,電視劇場、電視互聯網、電視報刊、電視圖書館,以及手機電影、手機電視、手機報刊、手機圖書等文化產業新業態不斷呈現,這些新的文化產業業態大大區別於利用傳統技術的文化產業。

2.3.2 文化產業發展需要健全完善的市場

亞當·斯密所設想的完全競爭市場要求具備以下條件:產權清晰、價格接受者、產品同質、完全信息、自由進退等。文化產業發展要利用市場機制推動,就需要符合上述條件的市場。具體而言,關於文化產品生產、流通、消費的要素市場、人才市場、資本市場、技術市場等需要符合上述條件。只有這樣,文化產品的生產才具有市場基礎,文化產業發展才不至於因為文化市場的欠缺而受到阻礙。

1. 多元化市場主體

首先,市場機制要求文化產品的生產者和消費者是價格接受者,這就要求市場中有眾多的市場主體。市場的參與者除了商品供給者、需求者外,還包括

---

① E. 舒爾曼. 科技文明與人類未來 [M]. 李小兵, 等, 譯. 北京: 東方出版社, 1995.

促進供求雙方實現交易的仲介機構。按照經濟學原理，競爭機制是價格機制發揮作用的基礎。從事文化產品創造、生產以及文化市場仲介服務的主體越多，文化市場的競爭就會越充分，價格就越接近文化產品的合理價值。

其次，市場主體的多元化要求具備寬鬆的市場准入條件。在市場機制下，無論是國有、集體、個體還是混合所有制的企業，不論企業規模大小、實力強弱，只要具備生產經營文化產品的條件和能力，都可以進入文化市場，成為文化產業組織。這就需要從政策、制度、體制、機制等層面為文化企業、文化產品行銷機構等文化產業組織的發育和發展創造條件。與此同時，為保證文化市場有序競爭、健康運轉，還要有比較完善的市場化退出機制，以保證文化市場參與者在經營失敗的情況下能按照市場化的方式退出市場。

健全完善的市場進入、退出機制既可以促進文化產業組織發育和發展，保證文化市場有多元化的主體，也可以促進文化市場競爭，有利於提高文化市場運行效率，激發文化市場活力。

2. 完備的法律制度和健全的運行規則

「沒有規矩，不成方圓。」亞當·斯密的市場經濟體制是利用人的理性（人自私自利的本性）設計出的多個市場主體通過競爭機制形成價格機制，政府是游戲規則制定者，是守夜人的角色。因此，市場經濟是法制經濟、信用經濟，市場經濟的穩健運行離不開法律制度以及一系列相應規則的規範和制約。文化產業和其他相比具有較強的意識形態，更需要規範、約束和引導。政府保障文化市場有序運行需要制定文化產業相關標準和審批制度、文化產品產權的界定規則、文化產品產權保護法律和制度、對文化市場的監管機制、促進文化市場競爭、抑制和反對文化市場壟斷的法律制度和監管機制等。這是文化市場健康運行的前提。

3. 有效的價格機制

價格機制是市場經濟的核心機制，市場經濟制度是「以惡制惡」的制度，它是利用一個人的自私制約另一個人的自私，從而把社會中有限的資源在無限的慾望中進行分配，達到資源合理配置。而價格機制是這種制約機制的實現機制。各國文化產業發展的難點在於文化產品的定價機制。當前文化產品的價格形成機制有拍賣、招投標、市場競價銷售等，但是文化產品和其他商品不一樣的地方是其不能簡單地用成本加利潤來定價。一件文化產品可能是一件資本品，也可能是消費品，它的價值可能取決於預期收益，也可能取決於使用價

值，這就使得同一件產品在不同的消費者、不同的市場環境、不同的銷售者那裡定價是不一致的，同時導致信息不對稱的現象，而其規模化的交易也很難實現，這會阻礙文化產業的發展。更為複雜的是文化的認同也會影響其定價機制，而有效的價格機制是市場機制發揮作用的前提，所以發展文化產業首先要建立文化產品的價格機制。

2.3.3 文化產業發展的外部環境

在現實經濟中，影響文化產業發展的外部因素較多，體制、政策、社會氛圍、相關產業發展情況、經濟發展水準等都是影響文化產業發展的外部因素，它們共同構成文化產業發展的外部環境，對文化產業發展產生影響。

1. 文化產業發展需要適宜的政策制度環境

在市場經濟條件下，產業發展環境既包括主要由基礎設施構成的硬環境，也包括由政策、制度、體制、法律等構成的軟環境，而且隨著產業的發展，軟環境對產業發展的影響和作用越來越突出。文化產業作為一個新興產業，它的發展除了要受社會分工規律、一般的產業發展規律等經濟規律的制約外，還要受政策、制度、體制等軟環境因素的影響和制約。

政策支持和保護是促進文化產業發展的一大因素。從政府的角度來看，世界文化產業強國的文化產業發展都得到了政府不同形式的政策保護和支持。例如，日本為大力發展文化產業，政府一方面保護文化產業領域各類文化產品創作者的所有權利，另一方面制定文化發展戰略和一系列文化產業保護政策。這一系列法律法規和保護、支持政策有力地推動了日本文化產業的發展。目前，中國市場經濟體制還不完善、市場發育還不充分，政府應該從產業發展的角度，從資金、技術、人才、體制、產業發展環境等方面為文化產業發展創造條件，使文化產業發展具備切實有效的政策支持環境。

除政策支持外，相關制度、體制的建立和完善也是文化產業發展的必然要求。這些體制環境、制度環境都是文化產業發展必不可少的外部環境因素。

2. 文化產業發展需要濃厚的文化氛圍

從文化產品的創造和生產來說，文化產品的文化屬性、精神屬性決定了文化產品的生產活動是創造性活動，是文化產品創造者、生產者基於自身智力、知識，借助一定的表現方式和手段表達其文化創意的過程。濃厚的文化氛圍不僅可以為文化產品創造和生產提供有利的創作環境，使文化創造者受到濃烈的

文化氛圍的感染、熏陶，還有利於其累積創作素材、創新創作思路、探尋創作源泉、產生新思想，由此促進文化產品內容、形式不斷創新。

從文化產品的商品化、貨幣化，即文化產品價值實現的角度來看，文化產品價值的實現不僅僅取決於一般的文化產品供求關係，還取決於消費者對文化產品價值的認可。消費者越欣賞、喜歡的文化產品，其價值認可度越高，這樣的文化產品，其商品化、貨幣化的過程會越順利而且附加值越高；相反，消費者不認同的文化產品，即使其文化價值、藝術價值再高，價值也難以實現，更談不上產業化。

一般而言，文化傳統悠久、文化氣氛濃厚的地方，人們受到的文化熏陶多，對文化的鑒賞能力、喜好程度較高，消費者對文化產品價值認可度也高，因此文化產品的價值實現過程會比較順利，文化產業發展也相對繁榮。如在四川綿陽的年畫村，年畫繪製和銷售歷史悠久，形成了獨特的年畫文化，不僅吸引本地很多人加入年畫的繪製、經銷行列，而且吸引了不少外地遊客來此觀光旅遊，結果不僅促進本地年畫生產銷售規模逐漸擴大，而且年畫產品生產經銷的發展也促進了當地旅遊業發展，使當地在年畫生產和以年畫文化為基礎的文化旅遊方面均實現了可觀的經濟效益。可見，文化產品價值的順利實現以及文化產品價值的高低往往要受文化環境的影響，適宜的文化環境有利於文化產品價值的實現而且有利於文化產品價值的提升。

3. 文化產業發展需要相關產業發展

文化產業和其他產業一樣都是要素市場和產品市場中的要素與產品交易循環的結果，因此文化產業的發展離不開其他產業的發展。一方面，文化產業作為規模化生產文化產品的行業的集合，它的發展需要載體層面的支持，特別是信息、科技、服務等產業的發展。如信息產業可以為文化產業提供文化載體和傳播途徑，科技產業為文化產業發展提供技術支撐，服務產業發展直接影響文化服務商品化的實現。另一方面，文化產業本身涉及第一、第二、第三產業的眾多行業和領域，其他產業的發展是文化產業發展的基礎。文化是在人類認識世界的過程中產生的，它是人類對這個世界中各種要素的重組設計和構想，這種設計和構想理念加上其他產業的要素和產品就是文化產業的新業態，也是文化產品創新。從這個角度來講，其他產業的發展決定了文化產業的水準和層次。

綜上所述，具備了必要的產業發展要素，有了發達完善的文化市場和適宜的外部環境，通過要素、市場以及外部環境等條件的有機結合，就形成了文化產業的發展機理。

3　國外文化產業發展模式借鑑

文化產業產生於歐美國家文化建設的爭論中，並在 20 世紀末期伴隨知識經濟的發展而興起，進入 21 世紀文化產業已經成為發達國家支柱性產業，發達國家文化產業的發展實踐和經驗對於文化資源的豐富具有很好的借鑑作用。

3.1　美國文化產業市場培育的經驗借鑑

美國是世界文化產業強國，其文化產業產值占美國 GDP 的比重超過四分之一，且超過世界文化產業市場份額的三分之一。總體而言，美國文化產業發展的模式在遵循市場規律的前提下，是典型的資本技術推動型、市場驅動型的發展模式。

3.1.1　美國高雅文化產業培育——美國佐治亞州的問卷調查

高雅文化產業是相對於被人們所熟知的大眾文化。Adorno、Horkheimer 等學者所指的文化都是高雅文化，他們從不同角度闡述了高雅文化很難產業化的觀點。高雅文化產業在發展過程中面臨了很多爭議，而爭議的焦點是文化產業化的問題。西方學者之所以批判文化產業是因為其規模生產的大眾性導致文化的低俗性，這也是近幾十年來以美國為代表的發達國家不提倡文化產業而是發展版權業、創意產業的原因。大眾文化產業化在國內外已經達成共識：通過工業化方式進行生產，但是作為文化產業重要部分——高雅文化產業並沒有一個公認的發展路徑。尤其是在鄉村地區，由於其居民文化水準相對城鎮居民落後，缺乏高雅文化產業發展的土壤。而文化產業作為一個產業不僅具有重要的經濟效益，更重要的是具有很強的社會效益，它可以帶動地區文化水準的提

高。美國的高雅文化產業化起步較早,其落後地區文化產業的發展經驗值得中國借鑑。

1. 美國佐治亞州鄉村高雅文化產業發展基礎

筆者在 2012 年美國佐治亞大學做訪問學者期間通過調研發現,美國鄉村文化產業具有完備的發展體系和路徑,它更注重高雅文化的發展,其發展通常和旅遊、餐飲等共融發展,形成了其獨特的鄉村文化和價值觀。美國鄉村高雅文化之所以發展成熟主要是因為美國社區表演培育了高雅文化的受眾和其消費意識。美國佐治亞州是美國農業大州,經濟相對落後,其發展高雅文化產業的具體做法適合具有豐富自然資源和廣大農村地區的中國借鑑。

(1) 鄉村經濟基礎支撐高雅文化

美國佐治亞州屬於美國南部農業大省,是美國鬆油、花生、棉花、玉米、大豆、桃子、雞肉等的主要生產基地,其鬆油是美國產量的 74%,世界產量的 50%。佐治亞州是美國花生產量第一的州,也是美國人口大省,2014 年的常住人口 1 億人,占美國總人口的 31%。2014 年,其地區生產總值占美國 GDP 的萬分之九,屬於中下水準,其第一產業產值為 390 億美元,第二產業產值為 932.5 億美元,第三產業產值為 745 億美元,分別占地區生產總值的 23.6%、56.4%、45.1%,而相對應的美國全國的三次產業分別占 GDP 的 1%、18.4%、86.3%。喬治亞州的鄉村發展水準和中國的產業發展水準接近,其鄉村高雅文化產業發展經驗值得中國借鑑。

(2) 非營利機構構成高雅文化產業發展的基礎

美國非營利機構參與文化產業的機制大大促進了佐治亞州高雅文化產業發展。1965 年,美國全國藝術基金會成立,之後美國文化藝術業迅速發展。經營高雅文化產業的團體在美國除了百老匯的音樂劇團等少量商業機構外,大都屬於非營利性組織。根據《藝術與經濟繁榮 III:美國非營利文化藝術組織及其觀眾的經濟影響力報告》顯示:「平均每天有 10 萬個非營利文化藝術機構在美國各個城市和鄉鎮發揮作用。」美國的非營利性表演藝術的發展在繁榮國家文化藝術、普及藝術教育、帶動經濟發展、提供就業崗位等方面發揮了非常重要的作用。

美國 50 個州被劃分為六大地區,每個地區都有一個非營利性的跨州藝術組織,它們分別是美國西部藝術聯合會、美國中部藝術聯盟、美國中西部藝術聯盟、新英格蘭藝術基金會、大西洋中部藝術基金會和美國南部藝術聯合會。

各藝術組織實施的項目有所不同，但都是為了繁榮本地區的文化藝術事業和擴大同外地區的交流。參加上述組織的團體或個人可在所屬組織的刊物及網站上刊登推銷節目的廣告，供演出公司和演出商選購。這種機制是佐治亞州的高雅文化產業發展的基礎。

2. 對美國佐治亞州雅典城鄉村劇院的問卷調查研究

（1）問卷調查概述

2012年6—9月對美國佐治亞州雅典城鄉村200人進行問卷調查，這200人中，70人是黑人，70人是亞裔（華裔、韓國裔、印度裔），60人是白人（德國裔、英裔、法裔），因為佐治亞州黑人比重較大，其文化素質也較高，參與的白領工作比重較大，因此，三分之一左右的被調查人員是黑人。發放的200份問卷中有效問卷共有180份，參與問卷調查的人員顯示了對鄉村文化產業發展的高度興趣，部分人員在問卷後面用文字敘述了對高雅藝術表演的看法。

（2）問卷調查結果

該問卷共設置了10個問題，主要涉及四類問題。一是個人對鄉村劇院的熱衷程度，如「你每年會參加幾場表演」「你喜歡參加專業的劇院表演嗎」「除了表演你還會參與劇院其他活動嗎」三個問題；二是對鄉村劇院營運模式的看法，如「你認為鄉村劇院沒有市場投資會可持續嗎」「你會捐助鄉村劇院嗎」兩個問題；三是鄉村劇院的社會效益，如「你從鄉村劇院獲得最重要的是什麼」「你選擇某個鄉村劇院的原因」「你是否認為鄉村劇院是你生活的一部分」三個問題；四是該地區高雅文化的市場基礎，如「你每年願意花費在看專業表演上的錢有多少」和「你會在看劇目時購買紀念品嗎」兩個問題。

問卷調查結果如表3-1所示。

表 3-1　　　　　　　　　問卷調查結果

編號	問題	選項	結果
1	你每年會參加幾場表演？	A. 0~2 B. 2~4 C. >4 D. 不參加	A. 53% B. 20% C. 20% D. 7%
2	你選擇某個鄉村劇院的原因是什麼？	A. 離我家或辦公室近 B. 喜歡這個劇院風格 C. 我認識那裡的人 D. 我喜歡這裡表演的劇目	A. 5% B. 24% C. 57% D. 14%

表3-1(續)

編號	問題	選項	結果
3	你從鄉村劇院獲得最重要的是什麼？	A. 表演技巧 B. 交朋友 C. 團隊合作能力 D. 只是興趣愛好	A. 6% B. 0 C. 12% D. 82%
4	你是否認為鄉村劇院是你生活的一部分？	A. 是 B. 不是	A. 87% B. 13%
5	你認為鄉村劇院沒有市場投資會可持續嗎？	A. 會 B. 不會	A. 53% B. 47%
6	你會捐助鄉村劇院嗎？	A. 會 B. 不會	A. 73% B. 27%
7	除了表演你還會參與劇院其他活動嗎？	A. 會 B. 不會	A. 87% B. 13%
8	你喜歡參加專業的劇院表演嗎？	A. 喜歡 B. 不喜歡	A. 100% B. 0
9	你會在看劇目時購買紀念品嗎？	A. 會 B. 不會	A. 43% B. 57%
10	你每年願意花費在看專業表演上的錢有多少？	A. 0~100 $ B. 100~500 $ C. 500~1,000 $ D. >1,000 $	A. 33% B. 40% C. 7% D. 20%

（3）問卷調查結果分析

第一，社區劇院推動了鄉村人群對高雅文化的可接受度。

美國佐治亞州雅典城有眾多自願表演劇院，社區人員選擇參加某個自願表演劇院主要依據的是劇院人群的熟悉度，57%的人選擇一表演劇院是因為認識那裡的人，24%的人因為喜歡該表演劇院的風格而選擇這一表演劇院，14%的人是由於喜歡劇院編排的表演劇本，5%的人是由於該劇院距離家或上班地點近。社區人們參與社區表演主要是因為對表演感興趣，82%的人覺得表演好玩，12%的人是為了獲得團隊合作能力，只有6%的人是為了提高表演技巧。同時問卷顯示，87%的人認為自願表演劇院是他們生命的一部分，13%的人表示劇院與他們無關。因此，社區人員表演劇院的選擇更多的是滿足自己的生活需求，而在藝術上的追求相對不高。

第二，社區表演提高了鄉村人群對高雅文化的鑒賞能力。

大多數社區人員都有表演的經驗，被調查社區人群中93%的人會每年參

與社區自願演出，20%的人每年至少會參與4場以上的演出，53%的人會參與1~2場演出。關於表演藝術的提高，100%的人願意參加專業化訓練的戲劇表演，同時87%的人願意參與社區外的戲劇表演，13%的人不願意在社區外表演。社區劇院的演出並不是簡單的大眾聚集的活動，是人們除了工作之外展現自己才能的第二個舞臺。被調查者表示，他們通過社區表演獲得了一定的成就感，在展現表演才能的同時提高了自己對高雅文化的認識水準。

第三，社區劇院的營運模式降低了高雅文化普及的成本。

社區劇院具有非營利性質。問卷調查中，在問到沒有市場投資條件時社區劇院是否會長期存活下去，53%的人認為是沒有問題，47%的人覺得不會一直存在下去。但是當問到是否會捐助社區劇院時，73%的人表示願意無條件資助，27%的人表示不願意捐助，這說明大家認同在自己有能力的條件下願意無償資助社區劇院。關於表演後是否會購買與表演相關的紀念品，57%的人表示不願意購買，而43%的人表示願意購買，這說明大家對市場運作劇院衍生品的方式有分歧。由此可見，非營利性在美國社區表演者心裡根深蒂固，因此大部分表演者對紀念品之類的商業化行為不屑一顧。而由於社區劇院的營運和發展主要是通過捐助等非營利形式，在市場化程度很高的美國，大部分人對其可持續性還是具有質疑的。

第四，版權交易仍然體現在社區劇院營運中。

在被調查的三家社區劇院中，所有表演的作品都是購買了版權的，並且聘請相關專家來教授專業表演。在調查期間，雅典城社區劇院就聘請了佐治亞大學的音樂教授來指導表演，當然這些活動是市場行為，由社區劇院用居民捐助的資金支付。問卷中，在問到願意為學習一部專業化戲劇表演而付出多少資金時，40%的人願意支付100~500美元，33%的人願意支付低於100美元，20%的人願意支付1,000美元，7%的人願意支付500~1,000美元。可見，社區劇院購買版權和聘請專業人士教授這種市場行為是具有經濟基礎和社會基礎的。

綜上所述，在欠發達地區培育文化產業的關鍵是要通過興趣調動社會群體參與到文化事業發展中去，並把這種非營利的活動作為自己生活的一部分，從而提高欠發達地區的文化修養，形成文化產業的消費能力和社會基礎。

3.1.2 美國文化產業培育的啟示

美國文化產業市場化程度高，而且雅俗並進，並且通過發展文化產業大大

提高了美國人民的文化素質，這與美國的法律法規等制度環境和培育機制密不可分，其文化產業發展經驗是值得中國借鑑的。

1. 嚴格的版權保護

產權保護制度是美國文化產業的發展保障。美國是最早實施版權保護的國家，1790年，頒布並實施了第一部《版權法》。此後，依據其社會、經濟和科學技術發展的需要，美國對《版權法》不斷調整，1976年美國修改後的《版權法》成為美國文化產業產權保護基本法律框架。1976—2000年，美國《版權法》經過46次修正變得更加完善。2003年美國的《版權法》將個人著作權保護期限從著作人終生直至死後50年延長至死後70年，公司版權保護期限從75年延長到95年。為了加大對有關音樂及電影、電視製造業侵權行為的懲罰，美國於1982年通過了《反盜版和假冒修正法案》。隨著計算機的發明和數字技術的發展，微型計算機進入商業市場，美國為了促進計算機產業的發展頒布並實施了與數字版權保護相關的多個法案。美國是世界上最早使用軟件版權制度的國家，1980年頒布並實施了《計算機軟件保護法》。同時，美國在1997年和1998年先後通過了《跨世紀數字版權法》和《反電子盜版法》，這些法律法規保證了美國文化產業的市場秩序的有序性，促進了文化產業的發展。

另外，由於二戰後美國科學技術的領先，產權制度的頒布和實施保護了美國戰略優勢產業的國際競爭力，同時為了讓本國關於產權保護的制度變成國際經濟秩序，促進本國文化產業的擴張，美國除了在本國加強相關制度的建設，還積極推進知識產權制度的國際化發展。美國在加強國內相關制度的同時，大力推動知識產權保護的國際化進程。美國根據文化產業發展的需要，1989年加入伯爾尼聯盟，利用《保護文學和藝術作品伯爾尼公約》的國民待遇原則，對其他成員國進行版權保護。為了獲取更大的國際利益，對文化產業進行貿易保護，美國充分利用《1988年綜合貿易與競爭法》中的301條款。同時，美國利用20世紀90年代《關稅及貿易總協定》的烏拉圭回合談判，在世界貿易組織中建立知識產權保護機制和體制，於1994年形成《與貿易有關的知識產權協定》（TRIPS協議）。《與貿易有關的知識產權協議》把知識產權保護拓展到WTO所有成員國，為國際知識產權保護提供法律和爭端解決機制，大大促進了美國文化產業的貿易保護。

2. 完善的投資環境

文化產業的發展需要大量的前期資本投入，美國投融資體制是美國文化產業發展的重要資金保障。

（1）重視非營利文化事業和文化產業的投資。文化產業分為營利性和非營利性產業，美國主要是對非營利性文化產業進行資助，資助的方式包括政府直接資金支持、配套的社會資金和產業資金。美國政府資助文化藝術額度一般不會超過文化組織收入的20%，其餘部分要從政府以外的渠道籌集。美國制定了相關的法律法規和政策槓桿來鼓勵企業和全社會對非營利文化事業贊助和支持，如各州、各地方要對與文化公益事業相關的單位或群體免稅，並撥出相應的聯邦政府的文化發展資金和地方財政經費支持其發展。在1917年，美國聯邦稅法就規定對非營利性文化團體和機構免徵所得稅，並減免資助者的稅額，以此鼓勵基金會、大公司和個人投資，引導一部分社會財富用於文化發展。這些規定導致了美國社會各界對文化產業的投入比各級政府的財政撥款多了幾倍。除了政府投入，美國各種財團也在資助文化產業的發展，二戰之後的摩根財團、第一花旗銀行財團、洛克菲勒財團等十大財團大都和文化產業有關。美國通用電氣公司（GE）是一家多元化公司，除了有發電設備到金融服務、飛機發動機等業務外，還包括電視節目製作等文化項目，以及美國國家廣播公司（NBC）旗下的一家下屬子公司。通過財團的投入，美國文化產業發展資金得以保障。

（2）通過金融創新籌措資金。美國金融創新大大推動了文化產業的發展。以電影業為例，1995年美國利用投資組合理論投資電影，把20部以上風格不同的電影納入一個投資組合中，極大地降低投資人的風險，低風險促使保險資金和退休資金投入到電影業中來。不僅如此，華爾街的私募基金也大量地投入到電影中來，出現了眾多的電影投資基金。電影投資基金由私募基金設計不同的收益品種從而形成不同風險偏好的投資組合。金融創新，使得文化產業的發展資金獲得渠道更加靈活便利，促使了文化產業規模化發展。

（3）通過國際資本市場融資。美國針對文化產品實施非常嚴格的貿易保護主義政策，其他國家的文化產品要進入美國市場，只可以採用直接投資方法。由此美國文化產業很大程度上是由跨國公司控制並支持的，如哥倫比亞三星影片公司，該公司在好萊塢的電影製片廠中最具實力，但其老板是日本索尼公司。同時，美國不僅利用外國直接投資，還廣泛採用多國合作方式來融資，

包括銀團等方式，這不僅解決了大製作的巨額投資的風險問題，還促使了影視作品的不斷升級換代。如《泰坦尼克號》，實際上是1998年由7個國家中的30多家公司共同完成的，總投資約為2億美元，創造了18億美元的票房；《蜘蛛俠》在2002年作為全球票房冠軍耗資1.39億美元，獲得全球票房8億美元。這種高投入、高收益，比普通商業盈利更加快速和巨大，從而進一步推動了外國投資者對文化產業的投資，形成了美國文化產業發展的良性循環。

（4）政府不直接參與文化產業的發展。在文化產業的發展上，美國政府的角色不是主體角色，其對文化產業干預實行間接管理，各級政府也沒有專門設置文化機構。政府在管理文化產業時主要是依據文化產業發展的自身規律，結合文化產業發展規律，給予優惠的支持鼓勵政策。在投入上，美國政府不直接投入營利性文化組織，但鼓勵其他組織和外來資金投入到文化產業上，從而營造優良的投資環境，促進文化產業的招商引資。美國政府嚴格遵守市場規律，以市場為導向發展文化產業，這是美國文化產業保持活力的重要原因。美國在堅持市場競爭條件下，通過商業運作，優選文化產品供給，這種文化市場環境有利於文化商業模式創新，促進技術投入和運用，優化人才等要素資源的配置，從而提高文化產業競爭力。

3. 良好的科技創新環境

在知識經濟時代和全球化浪潮中，科學技術及其與之相關的創新是文化產業可持續發展的源泉。美國非常重視對文化產業相關科技投入應用。美國在文化產業中廣泛應用數字化、網絡傳輸、數字電視、通信衛星等高新技術，使美國的文化產業競爭力大大增強。在圖書和唱片業銷售中，美國利用因特網技術推動銷售市場的多元化和規模化。在文化產品的開發上，美國大量使用高科技手段來增強藝術性和感染力，促使藝術和科技融會貫通。目前，美國文化產業對GDP的貢獻超過30%，文化產業不僅是美國主導產業，而且通過文化產業的發展，美國獲得了世界的話語權和影響力，增強了美國的軟實力，從而推動其他相關知識產權的高新技術產業的發展。這使得文化產業和高新技術產業形成了良性循環發展模式。

除了科學技術在文化產業的應用，美國文化產業還具有良好的創新基礎。例如，好萊塢電影產業的發展不僅依靠資本，更多的是依賴優秀的創新能力，包括技術創新、融資模式創新、影視內容創新等。美國的創新是汲取世界各國優秀文化和要素資源後的「美國式改造」。這種改造是市場導向的，如動畫片

《花木蘭》，在內容上保留了原有的電影情節，但在內容設計和影片片段組合上充分進行藝術想像與創新，促使了該動畫片的成功製作。這種創新不僅保障了好萊塢電影經久不衰的發展，而且不斷鞏固了其在電影市場的壟斷地位。因此，美國的電影產量雖然只占世界電影總量的 6%~7%，但卻占整個世界電影市場份額的 92.3%。

4. 優秀的人才保障

文化產業是建立在內容生產基礎上的新興的知識密集型產業，人才是關鍵要素。首先，美國具有獨特的人才引進機制。一方面美國通過各種機構（包括政府機構和民營機構）設立各種項目獎學金向全世界招收優秀人才，利用這些優秀人才攻克科學技術難關，促使各個產業創新發展，另一方面，美國利用移民等政策吸引發展中國家優秀人才長期居住美國為美國做貢獻。這些政策大大節省了美國的人才教育成本，同時世界各國人才的聚集帶來了各國優秀文化，為美國文化市場注入新的活力。僅 1990—1991 年，世界各國就有 10 萬文化界人士外流至西方各國，移居美國的就有 3 萬多人，其中著名人士達 1,500 人。這些優秀人才是美國創新的基礎，也是文化產業發展的基礎。其次，除了引進人才外，美國對文化人才的培訓也處於領先地位。美國企業培訓結合年資等要素和工資、效益掛勾，使得培訓既有針對性，又保證了培訓學員的積極性，培訓大大提高了已有人才的技能和知識水準，大大推動了文化產業的發展。

5. 文化產業集群式發展

美國文化產業之所以能夠成為支柱性產業，是因為其發展已經形成集群態勢。美國文化產業不僅僅包括內容創造、版權生產等，還包括從市場調查、風險投資、內容生產、技術嵌入、廣告包裝、市場行銷到衍生品生產的產業鏈經濟，它影響了美國多個行業，引領美國產業發展。文化產業的集群發展不僅降低了相關行業的生產成本，形成規模經濟，還促使專業化生產，為創新提供條件，在內部規模效應和外部規模效應共同作用下形成美國文化產業的地區競爭優勢。例如美國好萊塢，其核心龍頭知名企業有迪斯尼公司、福克斯電影公司、哥倫比亞電影工業公司、環球城市製片公司、華納兄弟、派拉蒙電影公司等企業，同時還有眾多中小文化企業集聚在好萊塢，與核心龍頭企業形成縱橫交錯分工的規模發展模式，產生產業集群效應，進而加強了好萊塢文化產業的世界競爭力。

6. 較高的文化產業化意識

世界各國對文化產業的管理模式各有不同，美國的管理模式很獨特。美國文化產業管理運作大致分為政府、準政府、非營利和營利四種形態。除了政府參與的政府、準政府、非營利三種形態的文化產業管理運作，美國文化產業更多的是營利的商業運作模式。美國文化產業的生產奉行的是自由市場原則，如美國電影業的發展，利用項目營運方式來運作行銷，不僅開拓本國市場而且開拓外國市場。1980年，美國電影業收入的70%來自國內票房，開拓海外市場後，美國海外票房年增長率為6%～7%，目前美國國內票房只占總收入的35%。

事實上，美國的內在文化底蘊並不具有優勢，但是美國文化產業的文化資源產業化程度高，文化資源商業化運作效率較高，雄厚的資金實力、美國文化市場需求彌補了美國文化歷史較少的短板。按照資源配置規律進行國際化運作的思路，美國每年從世界各地引進優秀文化資源，結合本國資本和需求市場撬動文化產業的商業化模式。例如，2008年《功夫熊貓》的製作，以中國功夫為內容主題的動漫電影，利用中國熊貓這一文化載體，結合充滿中國元素的服裝、布景以及道具，取得了6億多美元的票房，它是美國文化國際化過程中文化產業化運作的典型案例。

3.2 日本的政府主導式文化產業發展模式借鑑

亞洲各國多屬於儒家文化圈，其中日本文化產業發展最具有代表性，日本文化產業在亞洲發展起步較早，發展速度較快，是亞洲金融危機後日本擺脫經濟停滯的重要途徑。

3.2.1 日本文化產業發展情況

經過在20世紀的發展，文化產業已是日本的支柱產業。日本文化產業的發展離不開政府推動型發展模式的成功運用。中國文化產業的發展主要基於政策的支持，很多文化企業還處於轉型階段，日本的發展經驗值得中國借鑑。

1. 表演藝術業

日本戲劇可分為古典戲劇、商業戲劇、話劇、音樂劇4個門類。縱觀日本戲劇，可以看出以能樂（日本最早的劇種，出現於南北朝時期）、歌舞伎（源自16

世紀末至17世紀初的一個劇種)、文樂木偶劇等為代表的日本古典戲劇至今還吸引著眾多觀眾。20世紀初,受西方近代戲劇的影響,日本出現了話劇。日本的戲劇業,不論是古典劇還是新劇的發展都沒有政府過多的干預和扶持的痕跡,幾乎都沒有受到過國家的產業保護,都是靠民間的力量培育和發展起來的,日本也沒有國立的戲劇學校。但日本有國立劇場,為戲劇提供場所,也有促進戲劇業發展的機構和專業人員。日本唱片產業較發達,尤其是在1998年之前。1998年唱片行業產值為6,075億日元,經過亞洲金融危機,2004年後日本數字音樂崛起,日本唱片產業逐步復甦。日本唱片產業呈現出以下獨有的特點:市場秩序規範,規模巨大;完善的音樂作品著作權使用管理體系;民間組織和行業協會發揮重要作用;行業自律性強,企業注重自身形象和信譽。

2. 電影業

電影產業和一國收入水準密切相關,作為世界發達國家的日本其本身就是電影產業的重要需求方,因此日本近年的電影票房收入高居世界第三位。從2003年開始,日本國產電影在全國份額中不斷增長,以至於到2006年國產電影份額比例達到53.2%(見表3-2)。但是日本的國產電影主要以動畫電影為主,日本動畫產業在日本國內具有2,100億日元以上的市場規模,理論上在全世界覆蓋了58.1億人口。

表3-2　　日本國產片與進口片市場佔有率比較表

年度	國產(%)	進口(%)	年度	國產(%)	進口(%)
1946年	62.7	37.3	2000年	31.8	68.2
1950年	66.9	33.1	2001年	39.0	61.0
1955年	65.8	34.2	2002年	27.1	72.9
1960年	78.3	21.7	2003年	33.0	67.0
1965年	66.7	33.3	2004年	37.5	62.5
1970年	59.4	40.6	2005年	41.3	58.7
1975年	44.4	55.6	2006年	53.2	46.8
1980年	55.0	45.0	2007年	47.7	52.3
1985年	50.9	49.1	2008年	59.5	40.5
1990年	41.4	58.6	2009年	56.9	43.1
1995年	37.0	63.0	2010年	53.6	46.4

數據來源:丁超等.內容產業視野中的日本電影產業發展[J].北京電影學院學報,2011(1):29.

3. 發達的出版業

日本出版業發達，曾經被視為「亞洲出版的旗幟」。根據《2007 出版指標年報》，日本出版業（包括圖書和雜志）2006 年通過中盤商渠道的銷售額是 2 萬億多日元，連續兩年比前一年低，其中圖書銷售額為 1.4%，略有回升但回升的幅度並不大。與此同時，新書種類與銷售總額呈現相反增長的態勢。2006 年出版了新書 77,722 種，比 2005 年增長了 1.6%，總發行量是 401,770,000 冊，每本書的平均印數是 5,200 冊。其中發行量第一的是社會科學讀物，占 20.7%，第二是文學，占 18.9%，第三是藝術和生活，占 16.9%。1997—2006 年，日本圖書出版品種基本是年年在增加。與出版的多樣化並存的是書店居高不下的退書率，這是由於互聯網等傳媒的普及，使得期刊的銷量大受影響，這影響了日本出版業的良性發展。

4. 作為文化象徵的動漫產業①

如果說美國文化的象徵是好萊塢，日本文化的象徵就是動漫。日本的動漫業雖然比歐美起步晚，但是 21 世紀初占到日本 GDP 的 10% 以上。日本動漫產業受眾人群從幼兒到青年、中年、老年人，市場從本國市場到亞洲、歐美市場，產業鏈上的行業覆蓋出版、玩具、電影、電視、電子游戲等，是日本經濟發展的主導產業之一。

日本動漫業從生產製作、出版播出到周邊開發，形成一條完整的產業鏈，包括專業化、規模化的生產製作，競爭性、擴張性的出版播出策略，多元化、創新化的周邊開發。這也就是拉動相關經濟產業，這一招是向迪斯尼學來的，一個卡通人物深入人心，一連串玩具、文化用品、生活用品的製作，就迅速跟進，把產業鏈上下吃個乾淨。可見，日本動漫業產業鏈是以動漫品牌為核心不斷衍生拓展產業而形成的。

3.2.2 日本文化產業發展模式的啟示

日本作為文化資源匱乏的國家，只能採取以文化產業為基礎，以資本為槓桿，依靠國家政策扶持，大力發展以文化事業為中心的文化、產業並重的「產學研」的體制。所以在文化產業發展上，日本呈現出以傳統文化為基礎的

---

① 動漫產業是指以「創意」為核心，以動畫、漫畫為表現形式，包含動漫圖書、報刊、電視、音像製品和基於現代信息傳播技術手段的動漫新品種等動漫直接產品的開發、生產、出版、播出、演出和銷售，以及與動漫形象有關的服裝、玩具、電子游戲等衍生產品的生產和經營的產業。

新興產業引領市場的模式。

1. 有利於文化產業發展的制度設計

日本是把文化產業發展作為國家發展戰略層次的。為了保證「文化立國」，日本頒布了一系列的法律法規。1995 年，《新文化立國：關於振興文化的幾個策略》確立了日本的「文化立國」方略。日本著作權法是現行《版權法》，於 1970 年頒布、1978 年修訂。該法律保障了著作所有者的相關權益。日本還頒布了《知識產權基本法》《著作權管理法實施令》和《著作權管理法實施細則》等，這些法律對知識產權進行了保障。2001 年日本制定和頒布了《日本文化政策基本法》和《文化藝術振興基本法》，這些法律不僅強化了知識產權保護問題，還明確了國家和地方政府在文化產業發展上的權責利，具體規定了文化產業相關的基本政策，促使文化產業相關權益得到正式保護，這大大規範了文化產業發展的市場環境。2003 年，日本又制訂了《e-Japan 重點計劃》《知識財產推進計劃》；2004 年 6 月，頒布了《內容促進法》；2005 年，制訂了《知識財產推進計劃 2005》，這些法律文件從政府層面扶持和資助文化產業的發展。

日本不僅制定了詳細的文化產業發展政策，而且還設立配套機制保證文化產業相關政策的可操作性。日本政府文化產業的主管部門，包括文部科技省、國土交通省、經濟產業省、文化廳、總務省以及各地方自治體，形成了一個文化產業發展的支持體系。每部法律法規出抬後，日本政府都會有配套的跟進制度推動其實施。以日本財政政策支持為例，一方面，政府通過政府採購、綜合援助、財政投資、財政基金與財政補助等形式支持文化產業發展；另一方面，日本政府對於參與國際市場競爭的文化企業給予財政上的支持，推動本國文化產品和服務輸出海外，並設定相應的部門跟進該政策的落實。

2. 政府多部門合力助推文化產業的發展

日本文化立國戰略是貫徹到各個部門的發展規劃。日本文化立國的戰略構想最初是文化廳提出和制訂方案的。在文化立國戰略啓動後，日本的文部省和經產省具體負責文化管理。經產省是從產業經濟的角度管理文化產業，其中下設的政策、信息、情報局設置相關文化產業發展科室，負責制定文化產業相關規劃和政策，調查研究文化市場和消費規模。文部省 2000 年前只負責文化事業的管理，不負責文化產業。但 2000 年以後，文部省開始研究文化產業的具體發展情況，同時建立文化產業相關年度統計制度。為提高日本文化產業的影

響力和國際知名度，日本文部省每年花費巨額財政經費在國際文化交流和合作上，如採取各種援助的方式促進本國民間文化團體去世界各國展示和舉辦相撲、跆拳道、茶道、花道等表演活動，使世界瞭解日本的同時，還獲得一定的經濟利益。

除了部門與部門之間橫向合作支持外，中央和地方對文化產業的發展也進行縱向合作支持，如日本中央政府和地方政府聯合舉辦全國性的文化節日。日本有47個都道府縣及眾多的市町村等各級地方政府，回應中央的文化立國戰略，在各地舉辦各具特色的文化藝術活動，京都、衝繩等地相應地提出文化立市、旅遊立縣的發展戰略。這些支持大大地推動了日本文化產業的發展。

3.「政府+大企業」的市場營運模式

日本政府在推動文化產業發展的同時，並不完全控制文化產業的發展，其文化產業項目是在政府和民間共同投入的基礎上進入市場操作。日本文化產業主要投資模式是產學研的協作體制。在文化產業創新方面，政府通過補貼、稅收優惠、貸款優惠等方式孵化創新企業發展，利用創新企業和政府研究計劃把文化創意人才和研究經費結合起來，形成文化產業項目開發計劃。這大大促進了文化產業化進程。

在非文化企業的文化投資方面，日本的整體經濟是依靠大企業支撐的主導產業發展的，大型企業把文化投入作為建立企業形象的重要手段，因此大型企業是文化產業的重要需求方。在需求導向和政府鼓勵條件下，日本文化產業擁有得以繁榮發展的土壤。日本800多家民營企業都擁有自己的藝術館和博物館，有些企業如三得利公司、創價學會建造的音樂廳和富士美術館在世界聞名。

在文化產品的供給方面，日本具備若干支柱性大文化企業，演藝方面包括東寶公司、寶歌劇團、四季劇團；出版業包括凸版印刷公司、大日本印刷公司；電影製作包括松竹公司、角川公司、東映公司；廣告傳播包括電通公司等。這些公司通過自己的專業生產獨具日本特色的文化產品，保證了日本文化產業在世界擁有一席之地。

4.「文化+市場」的發展路徑

日本「文化+市場」的發展路徑包括兩個層面：國內市場和國際市場。在國內市場，日本採用項目運作模式來進行文化市場化。對於大眾文化，日本採用規模化生產模式；對於高雅文化的發展，日本設有專門的文化活動部門和文

化中心，這些文化中心和部門會聘請專家教授面向普通百姓來做講座，這類講座收費較低，主要目的是普及文化知識，提高文化需求層次。

針對國際市場，日本政府主導了文化產業海外推廣，如日本設立了「產業海外展開基金」和「酷‧日本室」機構，為日本文化企業走出國門提供資本支持和協助推銷日本的文化創意、動漫設計、時裝設計等文化產品銷往國外。同時日本還舉辦「Japan國際創意節」「東京亞洲音樂節」「國際文化產品節」「東京電玩游戲大展」等國際活動來促進文化產業走出去，這些節日活動都是採取「政府出資+企業承辦」的模式，降低了企業走出去的推廣成本，同時也促使日本企業短期形成產業集群抱團式發展。

在國際市場，日本文化企業採用合資、戰略同盟等多種形式與海外資本及海外文化企業合作，共同開發設立文化產業項目。針對好萊塢壟斷的情況，日本文化企業採取共同製作，利用國外製片人、演員和劇本製作的手段參與國際大製作，占領歐美市場。針對電影難以走出去的情況，日本積極參加國際電影節和影展進行版權交易，這些方式在一定程度上規避了歐美文化和亞洲文化的差異，促使日本對歐美文化市場的開拓和推廣。

除了針對不同的市場日本採用不同的鼓勵政策外，日本文化產業在市場細分方面的經驗也是值得中國借鑑。日本為了滿足不同市場主體的需求，通常會對同一文化內容題材開發不同載體的文化產品，充分發揮了文化內容的規模效應，如動畫片《鐵臂阿童木》首先是在雜誌上連載，然後推出木偶劇，之後製作成真人電視劇，然後三次拍成動畫片、電影等。不同的載體不僅擴大了文化內容的市場，同時還提高了同一文化內容的附加值。日本的漫畫也是通過這種模式成為世界上最有市場的文化創意產品。

5. 多渠道的文化產業投融資

文化產業是無中生有的產業，其特徵決定了其燒錢的性質，因此文化產業投資是決定文化產業可持續發展的關鍵。日本文化產業不僅得到政府的大力資助，而且在市場上有完備的投資渠道。具體而言，文化產業渠道建設包括兩方面：資金支持和投資機制。

在資金支持方面，日本設立了文化藝術振興基金、證券基金，文化藝術振興基金是通過政府出資和民間出資共同建立的，是政府主導的基金，但是它的資金有限，在文化產業的投融資機制中占很少的比例。證券基金方式和美國的納斯達克板塊類似，通過證券公司募集資金。這種方式主要依據企業的文化產

業項目而募集資金，因此募集資金規模也是由市場化方式決定。除此之外，企業直接投資也是文化產業主要的投資方式之一。使用這種投資方式的企業一般有兩種不同的目的：一種是非文化企業為了公關和樹立企業形象，或者營造企業文化，會直接投資文化產業；另一種是文化企業為了利潤最大化進行投資，這種投資是嚴格按照成本收益的市場化運作模式進行的。

在投資機制方面，日本建立了投資聯盟體系、知識產權證券化、中小文化企業融資擔保體系三種投資機制。投資聯盟體系是由文化產業鏈上的各類行業的企業共同設立的，該體系投資的文化產業項目通過投資聯盟保證了上下游產業鏈上的供給和需求，促使文化產業項目的專業化的規模化。如《千與千尋》就是風險共擔、收益共享的項目。知識產權證券化是日本政府主導的證券化模式。這種模式以專利、商標、著作等知識產權為基礎發行證券募集資金，有利於中小企業把文化創意內容迅速轉化為產品，如日本 Scalar 利用光學專利發行證券。中小文化企業融資擔保體系是政府和企業共同建立的機制。該體系由中小企業信用擔保公司負責運作，包括兩方面的擔保：一方面是企業融資擔保，另一方面對企業貸款的再擔保。這兩方面的擔保一定程度上促進了中小企業融資渠道暢通。

6. 眾多的文化產業仲介組織

日本文化產業發展得益於眾多的非營利性的仲介組織，這些仲介組織在文化產業的發展中起到非常重要的作用，包括制定行業規則、審查文化產品和收取知識產權費用、維護合法權益、行業統計、舉辦文化活動等。一定程度上日本文化產業仲介組織是政府職能的擴展，不僅具有仲介推動作用，還具有審查監督職能，如影視協會下設立倫理管理委員會來審查電影，日本音樂著作權協會負責收取音樂著作權的費用，日本動畫協會負責動漫新技術開發、市場統計、知識產權維護、人才培訓、市場推廣等，這些仲介組織成為政府、企業、市場各種要素聚合形成生產能力的重要力量。

3.3 歐盟文化產業推動城鎮化的發展經驗

從歷史上講，歐盟國家以遊牧民族為主，所以遺留下來的文化古跡相對較少，但是歐盟卻依賴其豐富的自然資源和傳統文化成為世界文化產業發展的典範。相對於中國古鎮，歐盟國家文化小鎮的建設缺乏古代韻味，其建設更多地依

賴現代西方文明，但這些文化小鎮大大推動了歐盟城鎮化發展，從而促進歐盟文化產業的發展，這些「文化小鎮」的建設經驗值得「古鎮」眾多的中國借鑑。

3.3.1 歐洲文化小鎮的發展模式

歐洲文化小鎮值得中國城鎮化建設借鑑的典型模式有以下幾種：

1. 依託體育文化的義大利麗暉谷小鎮

麗暉谷小鎮是義大利冬季最美、最有名的旅遊勝地。它的成功之處在於：第一，獨特的自然風光。它位於阿爾卑斯山中段，在歐洲兩個最大自然公園斯特爾維奧國家森林公園和波尼納公園之間，是一條長而寬的峽谷。在這裡旅行，有融入大自然的感覺。第二，麗暉谷建設許多滑雪設施，能夠進行各種冬季滑雪運動，受眾包括初學者和高水準的滑雪愛好者。這使得麗暉谷成為獨具特色的冬季體育文化集聚地。第三，眾多人文旅遊景點的建設。麗暉谷有著許多迷人的景點。這裡有建築風格獨特的天主教堂、村莊、牧場，這些景點成為體育文化產業的衍生休閒配套項目。總之，麗暉谷小鎮的特色在於把自然、人文的關係處理得恰到好處，這也是文化旅遊在城鎮建設的關鍵。

2. 依託影視文化的西班牙胡斯卡爾小鎮

西班牙安達盧西亞地區胡斯卡爾是3D電影《藍精靈》的拍攝地點，它把電影劇本與小鎮城鎮化建設結合起來，成為全球知名的文化旅遊小鎮。它的成功來源於以下幾方面：第一，把藍精靈電影的布景和小鎮的生活設施建設有機地結合起來。小鎮使用了9噸藍色塗料把村中教堂、政府、甚至公墓在內的175幢建築全部塗上明亮的藍色，凸顯藍精靈的藍皮膚。第二，利用電影主題把文化要素注入所有旅遊、消費項目，如格格巫酒吧、穿藍精靈衣服的導遊等。第三，大力發展與藍精靈相關的衍生產品。小鎮銷售與藍精靈相關的紀念品，在假日舉辦「藍精靈集市」，攤位出售與藍精靈相關的工藝品、紀念品和美食。胡斯卡爾小鎮是統籌城鄉發展的典範，它的經驗值得那些城鎮規模小、發展落後、交通方便的農村小鎮借鑑。

3. 農業和文化完美結合的法國普羅旺斯系列小鎮

法國普羅旺斯是世界知名的旅遊勝地，它是由一系列知名的文化小鎮形成的文化產業集群。它的成功可以稱為文化產業推動城鎮化發展的經典，其成功之處在於：第一，農業是普羅旺斯發展文化產業的基礎。它的農產業主要是薰衣草和葡萄酒產業。薰衣草和葡萄酒在生活中的作用就是使人放鬆，這兩者結

合起來讓人感受到閒適的生活狀態，這種生活狀態是吸引人群的重要因素。第二，以忘憂閒適為主題，加上中世紀的騎士愛情故事，使普羅旺斯成為充滿浪漫情懷的地域，它滿足了人類最基本和最重要的生活追求。第三，薰衣草和葡萄酒創作出的意境吸引世界各地藝術家集聚到該地區，從而把普羅旺斯的文化產業推向頂峰。薰衣草自由的色彩刺激藝術家創作的靈感，塞尚、凡·高、莫奈、畢加索、夏卡爾等大畫家紛紛到此尋找靈感，美國作家費茲傑羅、英國作家 D. H 勞倫斯和彼得·梅爾、法國作家赫胥黎、德國詩人尼採等也到此一遊，名人和精神領袖使得普羅旺斯成為普通人群的夢想。第四，以意境、文化巨人的魅力為基礎，結合高科技手段，大力發展新興文化產業（如影視、文化集會、展覽等），形成文化產業集群，如每年夏納電影節就是衍生的文化產業業態。由此可見，普羅旺斯地域廣闊，是一個綜合性的文化產業集群地，這種產業集群的形成不僅需要良好的自然條件，而且還需要歷史文化的沉澱，在此基礎上實現產業升級，從而形成完備的文化產業鏈。

4. 工業旅遊詮釋文化的法國格斯拉小鎮

法國格斯拉鎮的主業是花田加工業，香奈兒 N°5 原材料來源於該小鎮，這是該鎮世界聞名的重要原因。格斯拉鎮的成功之處在於：第一，利用香奈兒 N°5 的品牌效應使得該鎮舉世聞名。第二，小鎮把香奈兒 N°5 的工業製作工藝與小鎮城鎮化建設結合起來，小鎮有著名的香水博物館和香水工廠都是工業旅遊的重點項目。第三，把香水文化和休閒文化結合起來創造獨特的生活方式，香奈兒 N°5 尋找的是一種獨屬於女人的味道，充滿女人性格中的複雜與性感。女性遊客可以造訪玫瑰園，在實驗室裡自己親自參與調製屬於自己的香水和香精，而針對男性遊客，該鎮建設了眾多的世界著名的高爾夫球場，使得格斯拉鎮成為一個綜合娛樂鎮。可見，格斯拉鎮首先通過工業擴大其知名度，然後從工業生產轉入工業旅遊，再由工業旅遊進入娛樂服務業，產業一步一步升級，實現城鎮化。

以上文化小鎮詮釋了文化產業推動城鎮化的四個模式：傳統文化產業推動模式；新興文化產業推動模式；農業加文化推動模式；工業加文化推動模式。這四種模式催生了各類文化小鎮，從而形成獨具特色的歐洲文化產業。

3.3.2 歐洲文化小鎮建設的啟示

1. 中國古鎮建設與歐洲文化小鎮的差異

第一，中西文化差異。中國古鎮多少都帶有一些古代知識分子的秀氣氣

質，其強調的是古鎮對人內在氣質塑造和影響，這與中國古老的傳統文化密不可分。而西方文化小鎮的設計更多的是從舒適度去考慮，強調的是人對自然的運籌帷幄，體現的是自由。

第二，現代文明在城鎮建設中的比重不同。中國古鎮對古代文化和建築依賴程度極高，這與中國處於工業化中期階段發展水準相適應，即以文化旅遊為代表的第三產業仍然是資源密集型產業，這種情況使得利用文化產業促進城鎮化建設變得十分被動，同時產業鏈也相對較短，文化附加值較低，可複製性較高。而西方文化小鎮的建設更多的是依賴現代文化要素，雖然其基礎是現代農業、工業、服務業等，但是其核心是現代技術和現代文化的結合體，每個小鎮的建設都獨具特色，其城鎮化的過程是從低端產業到高附加值產業形成產業集群，短期內難以複製和被超越。

第三，消費受眾不同。中國古鎮的文化內涵十分豐富，強調「只可意會不可言傳」，其受眾大多是中國文化愛好者或國內遊客，受眾範圍較窄。而且「中國文化」這一符號本身對於外國人來講就是古老、神祕、複雜、難懂的綜合體，因此，中國古鎮的消費受眾除了看熱鬧的外國人，真正的消費群體是亞洲大中華片區的人群。而西方文化小鎮是在身心放鬆的過程中直接消費實在的文化產品，普通大眾的直接感受具有一致性，「仁者見仁，智者見智」的現象幾乎不存在，其受眾範圍不受地域、文化、種族等的限制，具有較強的規模效應。

第四，盈利模式不同。中國古鎮的盈利項目以餐飲、觀光為主，這些項目名為文化消費，實際上是除了古鎮外的其他地域也可以消費的項目，古鎮文化影響力較弱。國外的文化小鎮盈利項目以產業為基礎，形成從創意、製造到消費的一整套產業鏈的盈利項目，這些項目把文化載體具體化為商品，附加值高，無論從市場操作上還是價值實現上都比較規範和科學，更讓消費者在切實感受獨特的文化的同時覺得物有所值。

2. 中外文化產業推動城鎮化的共同成功之處

第一，以單一文化主題為核心打造小鎮。成功經營的世界知名的文化小鎮大多圍繞一個文化創意點進行發展，這樣建設的好處有很多。首先，單一文化主題能夠較快速和深刻地給人留下印象，便於小鎮的宣傳和吸引顧客；其次，從經濟上講，單一文化主題可以減少多元化造成的巨額投入，用最小的成本獲得最大的效益；最後，單一文化主題容易形成產業集聚能力，從而形成規模

效應。

第二，文化產業推動城鎮化的最終落腳點是人。工業生產結束時的價值形式是產品，而文化產業的價值體現在人的感受上。這些成功城鎮化的小鎮在建設過程中都把人的感官刺激放在核心位置，這些感官刺激都是與健康、積極、舒適、生態等要素結合在一起的，這也是小鎮的主要吸引力之一。因此，以人為本是文化產業推動城鎮化發展的核心。

第三，城鎮化過程中形成的產業鏈是小鎮發展的關鍵。雖然以上成功文化小鎮都是圍繞單一文化要素進行城鎮化，但是傳統農業和工業向現代第二、第三產業的真正轉化是通過延長產業鏈實現的。因此，在城鎮化產業結構升級過程中，產業鏈的擴展和延伸起到了決定性作用。

第四，文化產業在城鎮化過程中處於主導產業地位。城鎮化過程就其本質效果來講就是統籌城鄉發展，實現產業結構升級從而改善人的生存環境。文化產業的非物質性同時又具有物質性載體的雙重特徵可以和任何一個產業結合，從而實現傳統產業的升級，這不僅加速了落後地區城鎮化步伐，也提高了城鎮化質量。

3. 歐洲文化小鎮建設對中國城鎮化的啟示

在當前文化產業發展的大機遇、城鎮化成為中國經濟發展新動力的背景下，文化小鎮建設不失為城鎮化的有效途徑。通過以上分析，國內古鎮和外國文化小鎮在城鎮化建設過程中雖然文化上各具特色，但是中國古鎮的價值創造力遠遠低於外國文化小鎮，這是中國古鎮的發展質量遠遠低於歐洲國家的重要原因。歐洲文化小鎮的建設對中國城鎮化的啟示有以下幾點：

第一，在城鎮化過程中產業發展是基礎。

文化小鎮的發展之所以能夠把文化價值化為具體的商品，是因為有文化載體，而這個載體是產業。沒有產業載體的文化小鎮是空洞的，否則城鎮化只不過是房地產化，形成不了實在的消費能力，也難改善當地百姓的生活水準，失去了城鎮化的意義。

第二，城鎮化過程中需要形成產業鏈促進產業集群發展。

中國古鎮和西方文化小鎮的巨大差異體現在產業鏈的構成上。產業鏈的構建大大促進產業集群的形成，從而形成難以複製的城鎮化模式。產業集群的形成和發展最關鍵的就是延長產業鏈，尤其是小城鎮的建設，圍繞一個經濟發展點擴展產業鏈是形成專業產業集群的重要手段。

第三，文化旅遊產業是落後地區跨越式發展從而實現城鎮化的最佳途徑。

在統籌城鄉的過程中，資金、人才等是農村地區或貧困地區最稀缺的要素，中國擁有最多的農村地區和貧困地區，要想通過市場化手段促進經濟發展實現城鎮化難上加難；與此同時，這些地區都處於生態保護區或耕地保護區域，要進行工業建設成本巨大。因此，通過文化旅遊產業吸引發達地區人群到這些地區消費，可以提高這些落後地區的收入水準，從而擴大需求促進城鎮化發展。

4 中國文化產業發展現狀

從2001年國家「十五」規劃提出大力發展文化及相關產業，到「十二五」規劃明確提出「實現文化產業增加值占同期GDP比重的5%」的目標，文化產業成為中國推動GDP增長的重要因素。在發展過程中，除借鑑先進發達國家發展文化產業的經驗外，還要對中國國內一些地區發展文化產業現狀特徵進行分析。由於中國經濟發展地區差異較大，經濟基礎制約文化產業發展，中國文化產業發展嚴重不均衡，大部分地區文化產業是在政府支持下生存和發展的。本書重點研究市場經濟條件下文化產業發展問題，因此研究中國文化產業發展現狀以省市地區為對象更具有實踐意義。其中，北京市和西部地區部分省份在中國文化產業發展上已具規模條件，具有代表性。

4.1 北京市文化產業發展的情況

4.1.1 北京市文化產業發展特徵

北京市是中國文化中心，也是中國若干朝代的古都所在地，因此在北京市發展文化產業具有獨特優勢。北京市的文化產業主要是指文化創意產業。北京市在「十一五」規劃中第一次把文化創意產業作為北京核心產業，在2004年國家文化產業分類頒布後，2006年北京市立刻頒布自己的文化創意產業分類標準，重視知識產權交易和文化內容生產。之後北京市把出版發行和版權貿易中心、全國文藝演出中心、動漫和互聯網游戲研發製作中心、文化會展中心、古玩藝術品交易中心、影視節目製作和交易中心納入《2004—2008年北京市文化產業發展規劃》和《人文奧運行動計劃》。2014年，北京文化創意產業實現增加值2,794.3億元，占全市地區生產總值的比重提高到13.1%（表4-1）。

在整體經濟發展進入新常態、增速換擋的形勢下，北京市文化創意產業逆勢上揚，表現出較強的抗衰性。

1. 文化創意產業成為北京經濟增長的支柱產業

文化創意產業是戰略性新興產業，北京市把它作為轉變經濟發展方式調整產業結構的突破口。在擴大內需的政策背景下，北京市文化創意產業發展迅速，當前北京市文化創意產業增加值位於第三產業的第二名。2004—2014年，北京市文化創意產業占地區生產總值的比重從2004年的10.1%增加到2014年的13.1%，文化創意產業增加值從2004年的613.6億元提高到2014年的2,794.3億元，10年時間裡翻了4倍多。全市文化創意產業從業人員2014年達到109.7萬人，2015年8月達到了113.6萬人，軟件、網絡及計算機服務是吸納從業人員最多、增速最快的領域，詳見表4-1。

表4-1　　　2004—2014年北京市文化創意產業總體發展概況

年度	2004年	2005年	2007年	2009年	2010年	2011年	2012年(1—11月)	2013年	2014年
占北京市地區生產總值比例（%）	10.1	10.2	10.6	12.2	12.02	12.24	12.3	9.1	13.1
從業人員（萬人）	74.7	83.9	102.5	114.9	122.9	140.9	—	103.5	109.7
資產規模（億元）	4,636.7	5,140.3	7,260.8	9,535.3	11,166.3	12,942.6	—	—	—
業務收入（億元）	2,468.0	2,793.6	4,601.6	5,985.7	7,442.3	9,012.2	—	10,022	11,029
增加值（億元）	613.6	700.4	992.6	1,489.9	1,697.7	1,989.9	2,189.2	2,406.7	2,794.3

數據來源：北京市統計局。

2. 文化產業的產業鏈逐步優化

北京的文化創意產業按行業分為9種，包括廣播、電影、電視；文化藝術；新聞出版；藝術品交易；網絡、軟件及計算機服務；廣告會展；休閒旅遊娛樂；設計服務；其他輔助服務。北京文化創意產業已經形成軟件、網絡及計算機服務；廣告會展；旅遊休閒服務；新聞出版；廣播、電影、電視等五大優勢行業。其中，軟件、網絡以及計算機服務已經成為北京市比重最高的文化創意產業，廣告會展、新聞出版、旅遊、影視也在北京市文化創意產業中占據重要比重。2014年，五大行業實現的業務收入占全市文化創意產業的比重達到66.3%。文化藝術、設計服務、藝術品交易等行業也呈現出蓬勃發展的態勢，詳見表4-2。

表4-2 2004—2011年北京市文化創意產業各類別業務收入比重情況

單位:%

年份 類別	2004年	2005年	2006年	2007年	2010年	2011年	2012年	2013年	2014年
文化藝術	2.3	2.2	1.9	1.8	1.9	2.4	1.8	1.6	1.7
新聞出版	14.5	14.3	11.8	10.3	8.3	8.4	8.4	8.0	7.2
廣播、電視、電影	7.4	8.2	6.7	6.4	6.6	6.1	7.7	6.6	7.0
軟件、網絡及計算機服務	26.9	28.3	32.7	35.2	37.8	36.3	39.5	38.4	39.4
廣告會展	10.8	11.2	10.8	10.7	13.1	12.8	11.4	11.0	11.0
藝術品交易	2.4	1.7	1.6	2.2	4.7	5.5	4.4	9.8	8.8
設計服務	7.8	7.0	9.1	4.6	4.1	4.1	4.1	4.0	3.9
旅遊、休閒娛樂	8.3	8.6	8.3	8.1	6.2	7.8	9.0	8.7	8.8
其他輔助服務	19.7	18.4	17.0	16.2	16.7	15.7	13.9	11.7	12.1

資料來源:北京市統計局網站。

3. 政府助力北京文化創意產業發展

北京市作為國內發達地區,經濟進入後工業化時代,具有發展文化創意產業的基礎,再加上政府的全力推動,北京形成了依託文化資源和政策扶持推動文化產業發展的模式。規劃建設方面,北京政府將文化創意產業的發展寫入北京市「十一五」和「十二五」規劃;組織機制方面,北京市2006年成立文化創意產業發展領導小組,由市委書記擔任組長;在政策支持方面,北京市2006年先後公布了30個文化創意產業集群示範區,2006—2008年,採取項目補貼、貸款貼息和獎勵等方式共安排文化創意產業發展專項資金15億元,並且從2006年起每年安排發展專項資金5億元,有效帶動社會資金146億元,在全國各省區市中政府支持資金規模位列第一。

4. 文化創意產業集聚區迅速增加

2006年12月,北京認定了第一批10個文化創意產業集聚區,分別是北京數字娛樂產業示範基地、國家新媒體產業基地、中關村創意產業先導基地、中國(懷柔)影視基地、中關村科技園區雍和園、北京DRC(Design Resource Cooperation設計資源協作)工業設計創意產業基地、北京798藝術區[①]、北京

---

① 北京798藝術區位於北京朝陽區酒仙橋街道大山子地區,故又稱大山子藝術區,原為原國營798廠等電子工業的老廠區所在地。此區域西起酒仙橋路,東至京包鐵路,北起酒仙橋北路,南至將臺路,面積共60多萬平方米。

宋莊原創藝術與卡通產業集聚區、中關村軟件園和北京潘家園古玩藝術品交易園區，當年底就有1,000多家企業入駐產業集聚區，所創造的收入占當年文化創意產業總收入的15%。2008年3月，北京市又認定了11個文化創意產業集聚區，分別是惠通時代廣場、北順義國展產業園、清華科技園、京CBD國際傳媒產業集聚區、前門傳統文化產業集聚區、琉璃廠歷史文化創意產業園區、北京歡樂谷生態文化園、北京時尚設計廣場、北京大紅門服裝服飾創意產業集聚區、北京（房山）歷史文化旅遊集聚區和北京出版發行物流中心。2010年11月，北京市再次對9家文化創意產業集聚區正式授牌。其中包括北京古北口國際旅遊休閒谷產業集聚區、盧溝橋文化創意產業集聚區、八達嶺長城文化旅遊產業集聚區等在內。這些集聚區借助優惠政策吸引了大量文化創意藝術家和企業入駐，產業集聚規模不斷擴大。其中，市級集聚區內有文化創意企業8,200多家，區級和尚未評級的文化創意街區、新村則有數百個。集聚區大大推動了北京市文化創意產業的發展。

4.1.2 北京市文化創意產業發展的模式

北京的文化產業發展模式是以體制改革和落實政策為突破口、以科技支撐為基礎、以產業集聚區為重點、以龍頭企業及政府帶動投入為手段、以搭建公共服務平臺為輔助的發展模式。

1. 集聚發展模式

北京市的30個文化創意產業集聚區是北京市文化創意產業發展的重要載體。這些集聚區奠定了北京市文化產業的發展基礎。

（1）以科研院所為基礎建立創意和技術研發類集聚區。創意和技術研發類集聚區一般分佈在科研院所附近，北京市科研院所和高等院校呈現集中分佈，這可以便利的獲得優秀研發設計人才和科技成果轉化。以清華科技園和中關村軟件園為例，附近分佈著北京大學、清華大學、中科院物理研究所、中國科技大學等科研院所，不僅可以使文化創意產業集聚區內的企業及時獲取信息和科學技術促進產品的升級換代，而且助於推動高校的研究成果產業化。正是由於高校研究優勢，北京在技術創新一直走在全國的前列，相應地，軟件、網絡及計算機服務也成了北京文化創意產業的主要行業。

（2）在非中心城區建設動漫和影視製作類集聚區。動漫和影視製作類集聚區需要土地資源、勞動力等要素，這是因為影視作品拍攝需要一定的地理空間，同時影視產業較多的關聯企業也需要有較多土地來容納集聚。以宋莊原創

藝術與卡通產業集聚區為例，其占地面積1,120公頃，匯集了100多家畫廊、22個藝術部落、20多家美術館，當代繪畫藝術、豔俗藝術及新媒體藝術等主要現代藝術流派都集中在這裡。因此，北京較重要的5個動漫和影視製作類集聚區都在大興區、懷柔區和通州區，這些地區離中心城區較遠，所以地價相對低廉，有利於此類集聚區發展。

（3）在消費者聚集地區建立數字媒體營運類集聚區

這類集聚區一般兼有零售業部門和服務業部門。零售業部門需要消費者導向，因此一般佈局在交通便利、消費者眾多和人口密集的地區。服務業有兩種情況：一種是以企業和機關為服務對象的，這類服務業由於服務對象的特殊性，多分佈在城市中心地區，如中關村科技園區雍和園分佈在北京東二環和北二環的交匯處附近，離中心城區較近，交通較方便；第二種是以個人和家庭為服務對象的，這部分企業的分佈與零售業類似，如北京市出版發行物流中心分佈在通州區，有專門的便捷通道和直達班車到中心城區，其兼具圖書出版物流中心的功能，為城市中心的許多企業和機關提供圖書配送和倉儲服務。

（4）以文化符號為中心建立文化展覽集聚區

會議展覽和文化展示與交易集聚區大多分佈在特有文化符號附近。老北京獨有文化符號——十三陵文化、潘家園、琉璃廠、前門都有文化創意產業集聚區。以潘家園古玩藝術品交易園區為例，潘家園作為「鬼市」這一文化符號的載體，通過包裝宣傳，建立古玩市場，隨著市場規模的擴大和中外遊客聚集，使得潘家園成為北京重要的文化名片之一。

2. 政府帶動下的多元化投融資模式

為促進北京市的文化創意產業發展，北京市於2006年11月正式批准設立北京市文化創意產業促進中心（以下簡稱中心）。該中心具體而言是北京市文化創意產業領導小組及辦公室，它為北京市文化創意產業發展提供組織保障。以文化創意產業投融資途徑創新為例，中心與北京銀行、交通銀行北京分行等金融機構簽署戰略合作協議，為文化創意企業提供綠色貸款通道、無形資產貸款質押試點等金融服務。這有力地支持了影視製作、設計創意、出版發行、廣告會展等不同行業的文化創意企業發展。北京市將一批電視劇項目打包、以版權質押的方式向急需資金的影視企業提供融資產品，這是國內金融業第一家（北京銀行）對電視劇製作行業提供無專業擔保公司擔保的版權質押貸款，華誼兄弟傳媒股份有限公司成為版權質押貸款最大的受益者，獲得了1億元流動

資金貸款。除此之外，電影《畫皮》獲得了北京銀行 1,000 萬元的流動資金貸款，《長江七號》《赤壁》《深海尋人》《白銀帝國》等電影音頻製作都相繼獲得北京銀行的融資支持。在政府的強力推動和文化產業發展的良好前景刺激下，一些大中型企業開始進行投資，如保利集團和長春電影製片廠合作成立的東方神龍影業有限公司於 2003 年 1 月正式掛牌開業。北京市這種投資模式大大激發了影市市場活力，同時多元化投資也降低了市場風險。

3. 以龍頭企業為領頭的帶動發展模式

發展文化龍頭企業一直是北京市努力的方向，也是北京發展文化總部經濟的重要一步。在 2013 年 5 月舉行的中國（深圳）國際文化產業博覽交易會（簡稱「文博會」）期間，由光明日報社和經濟日報社主辦的第五屆「全國文化企業 30 強」評選結果顯示，北京萬達文化產業集團、北京演藝集團、完美世界網絡公司、光線傳媒有限公司、保利文化集團 5 家企業登榜。另外，北京還有諸如中央電視臺、北京電視臺等電視傳媒巨頭，在這些龍頭企業的帶動下，大批相關聯的企業發展起來。以北京的電視巨頭為例，其帶動了節目製作、廣告經營、技術服務、演藝傳播等相關行業發展，資料顯示，北京與電視直接相關聯的節目策劃、後期製作等公司有 1,000 多家，間接相關聯的公司有 3,800 多家。

4. 公共服務平臺支撐發展模式

公共服務平臺支撐發展模式依賴管理服務、技術支持、投融資服務、人才培訓等條件，從外部環境推動文化創意產業發展。北京市主要是從動漫游戲、軟件、工業設計等行業著手建設公共服務平臺，這大大促進了這些行業的發展。北京的公共服務平臺一般是由多個組織聯合設立的，這些公共服務平臺主要有兩類，一類是專業平臺，一類是融資平臺。專業平臺起到扶植孵化和服務某行業的作用，如中關村動漫游戲公共服務平臺、中國動漫作品版權服務平臺、北京數字娛樂軟件公共技術支撐平臺、北京市旅遊業綜合服務平臺等，這些平臺促進了各種要素向行業的積聚，同時為形成產業集群奠定了基礎。融資平臺有北京文化創意產業投融資服務平臺，該平臺不僅為文化創意產業提供投融資服務，同時建立基於文化創意企業的各種數據庫，提供投融資促進、信息披露、資金結算、登記託管等服務，有效地降低了文化創意產業的融資成本，同時提高了北京市文化創意產業的競爭力。

5. 利用文化品牌建立城市名片

文化代表一個城市的軟實力，文化產業的發展和城市文化品牌的建設相輔相成，互相促進。巴黎、紐約、維也納這些城市因為其文化品牌而建立了城市名片，為其城市經濟發展做出巨大貢獻。800多年建都、3,000多年建城的北京有著燦爛文化和悠久的歷史，北京具有建立城市文化品牌的資源基礎。當前北京市利用歷史文化積澱，把八達嶺長城、故宮等文化資源品牌化，促使文化行業多元化，大力生產相關文化衍生品，把古跡品牌做大做強。同時，北京把水立方、鳥巢、國家大劇院這些新建的文化場所品牌化，對基進行多元化營運。另外，北京還樹立了內容文化品牌798、德雲社、孟京輝先鋒話劇等藝術品牌。這些文化品牌構成了當前北京文化特色和城市名片，共同展現了古代與現代融合的獨特的北京文化，並且為北京文化創意產業集群式發展提供品牌優勢。

4.2　雲南省文化產業發展的情況

雲南省文化產業發展模式是獨具特色的，在全國打響了「雲南模式」「雲南現象」的名號。雲南省文化產業高速發展是從1996年起步的。到2005年，雲南省文化產業規模已經達到183.6億元，占雲南省地區生產總值的5.3%，這使雲南文化產業一度成為地區支柱性產業。2006年，雲南省提出促進雲南省從民族文化大省向民族文化強省邁進。2009年，雲南省文化及相關產業增加值達364億元，比2005年翻了近1番，占地區生產總值的比重提高到5.9%，與北京、上海、廣東、湖南、湖北一起成為全國6個文化產業增加值占各地區生產總值的比重超過5%的省市，居全國第5位。之後，雲南文化產業穩步發展，2012年，雲南文化產業增加值達到了635億元，占雲南地區生產總值的6%左右，部分重點文化企業出口總額超20,146萬美元；2013年，雲南省文化產業單位超1萬家，占全省法人單位和產業活動單位的7%左右，實現增加值600多億元，占全省地區生產總值的6%以上。文化產業已成為雲南經濟新的增長點和支柱產業。雲南發展文化產業模式主要體現在以下幾點：

1. 大力發展「文化+」，促進產業融合發展

雲南省多年來堅持「三個結合」，即將文化產業發展與企業發展結合、與科技創新結合、與旅遊發展結合；推進「三個創新」（藝術樣式創新、運作方

式創新、體制機制創新）；打造「四大品牌」（「茶馬古道品牌」「香格里拉品牌」「聶耳音樂品牌」「七彩雲南品牌」）；培育「十大文化產業」（體育、文化旅遊、民族演藝、休閒娛樂、民族民間工藝品、會展節慶、茶文化、珠寶玉石、廣播影視、新聞出版）。實施「文化+」，是雲南省文化產業成為支柱性產業的重要原因。

（1）雲南文化與旅遊產業的融合發展

雲南省作為多種少數民族聚居地區，具有豐富的人文文化和自然旅遊資源，旅遊業一直是雲南省的重點發展產業，雲南省以旅遊業為切入點，多年來逐步深化文化與旅遊融合發展，打造高品質文化旅遊系列活動和旅遊演藝產品品牌，在保留非物質文化遺產的原生態前提下，開發文化旅遊產品，實施品牌化經營。同時，通過對購、吃、娛（樂）、行、住、遊等各活動的文化內容的填充和升級，促進特色文化產業形成。

2012年，雲南省接待海內外旅遊者達2.5億人次以上，年均增長12%以上；旅遊總收入達2,000億元以上，年均增長14%以上；實現旅遊產業增加值650億元、文化產業增加值640億元，分別占全省地區生產總值的6.3%和6.2%。沿茶馬古道和古絲綢之路一線，迪慶的獨克宗古城、麗江束河古鎮、會澤娜姑鎮、西雙版納橄欖壩等一大批文化名鎮、名村成功開發，成為雲南省文化與旅遊結合的成功範例。

同時，雲南省還把演藝業和旅遊業融合發展，推動了雲南省表演藝術的發展。《雲南映象》《麗江情緣》《夢幻騰衝》《麗水金沙》《印象麗江》等演藝精品被搬到了旅遊景點，為雲南省創造了巨大的經濟效益和社會效益，成為雲南省旅遊文化產業的名片。並且雲南省還不斷推動商業模式創新，聘用張藝謀導演《印象·麗江》，通過商業包裝促進發展，僅2012年演出場次就達900多場。此外，雲南文投集團把雲南少數民族文化元素融合到新型雜技節目中，製作《雨林童話》演藝節目，在法國商演市場取得巨大成功，並在加拿大、美國、新加坡等國獲得訂單，後又在柬埔寨的吳哥窟精心打造了大型演藝晚會節目《吳哥的微笑》，並於2010年11月27日在吳哥窟實景演出，獲得了極高的市場評價，大大推動了雲南省文化產業出口。

（2）雲南文化與茶產業融合發展

雲南茶產業在全國採摘面積第一、產量第二、產值第三，是雲南省農業的

主導產業。2014年雲南省茶園面積595萬畝①，採摘面積538萬畝，干茶總產量33.5萬噸，實現茶葉綜合產值370億元。雲南將文化產業與茶產業融合發展，以臨滄、西雙版納、普洱為茶文化基地，打造了康樂、昆明雄達兩個茶文化城，形成了雲南茶文化產業集群，促進了雲南茶產業市場競爭力的提升。

第一，將古代農業文化遺產發揚光大，製作品牌古樹普洱茶。雲南古樹茶是珍稀不可複製的古代農業文化遺產，價格逐年上漲，產銷兩旺。其中2014年西雙版納州古樹茶春茶總產量400噸，實現農業產值超2億元，同時，臺地茶鮮葉價格也被帶動上升，其收購價達到40元/千克以上；臨滄市區域名山茶同比上升40%以上。古茶樹品牌的提升帶動了特色農業文化旅遊業的發展。2014年普洱茶產量首次突破10萬噸，達11.4萬噸，增加1.7萬噸，增長18%；產值首次突破百億，達101億元，增加31.4億元，增長45%。普洱茶平均單價達88.6元/千克，每千克價格比去年增加16.5元，增幅達23%。由於雲南省古樹普洱茶具有文化品牌優勢，具有保值增值作用，其價格在國內傳統名茶價格下降的背景下仍然強勢發展。這不僅推動了茶產業的發展，而且形成了雲南獨特的茶文化產業。

第二，國際文化活動和習俗文化推動茶文化產業規模擴大。雲南省大力支持本地茶企參加國際文化活動。2015年，雲南普洱茶、滇紅在米蘭世博會上獲得百年世博金駱駝獎，使雲南省茶文化走向世界。同一年，雲南省茶葉流通協會等雲南茶葉各社團組織，在「雲南省茶葉流通協會會員雙月活動日」的基礎上，成功舉辦「中華茶商雲南茶區行」，大大拓寬了雲茶產業普洱茶的銷售渠道。

第三，雲南省各地區結合民族茶文化習俗，積極挖掘民族茶文化內涵，擴大對外交流。普洱、臨滄及保山昌寧以千年古茶樹為重點舉辦祭「茶祖」活動，不斷提升品飲普洱茶的技藝，茶藝技師市場逐步擴大。「古樹茶、古茶山」旅遊正成為雲南特色農業的一道亮麗風景線，西雙版納龍園大世界、景邁山、布朗山、臨滄勐庫冰島、昔歸、石介茶區，保山昌寧漭水、昌寧紅、騰衝高黎貢山、綺羅茶等茶樹種植區結合旅遊文化整合茶文化，彰顯了雲南民族茶文化的豐富內涵和獨特魅力，大大推動了雲南省茶文化產業的發展。

2. 培育龍頭文化企業，形成產業集群

雲南省龍頭文化產業主要來源於已有國有文化集團改制、市場優秀企業和

---

① 1畝≈666.67平方米。

文化產業「航母」企業重新組建。

第一，通過深化文化體制改革，雲南省組建了一大批國有文化企業，包括雲南文化產業投資控股集團、雲南報業傳媒集團、雲南出版集團、雲南雲視傳媒集團、雲南演藝集團、雲南廣電網絡集團等，推向市場化的國有文化企業業務大大增強了活力。

第二，雲南省文化旅遊商業模式創新，形成了一批民營文化創意企業，如雲南映象文化產業發展有限公司、雲南中天文化產業股份有限公司、麗江麗水金沙演藝有限公司、昆明福保文化城有限公司、雲南柏聯和順旅遊文化發展有限公司等，這些企業被評為「國家文化產業示範基地」，是雲南省文化產業發展的支撐力量。

第三，針對民族地區文化資源分散的獨特特徵，雲南省整合文化資源打造文化「航母」企業。2009年12月，雲南省政府出資組建雲南文化產業投資控股集團，它是省屬大型國有獨資文化企業集團，註冊資本21.2億元，並被賦予四大文化職能定位，即文化事業建設和文化產業發展的最主要融資平臺和投資主體、文化體制改革的重要載體、文化「走出去」的橋樑和紐帶、重大文化項目的實施者。該集團主要致力於演藝娛樂、影視動漫、文化傳媒、文化創意、文化會展、文化藝術品經營、文化資本營運、文化地產等方面產業發展，通過政府引導、企業運作的方式，充分發掘並整合雲南文化資源，盤活存量資產、擴大增量、創新體制機制、創新文化產品和營運方式，實現文化產業化、產品市場化、資源資本化，快速培育雲南文化產業品牌。

這個超級「航母」是雲南省文化產業的重要平臺載體，它把龍頭國有企業和民營企業整合起來，形成合力發展文化產業集群。依託這個「航母」企業，逐步形成雲南文化產業集群。雲南文化產業投資控股集團按照「一園二區五基地」的戰略構想，建設昆明國家級民族文化產業示範園區，同時發展北區昆明經開區黃土坡片區和南區昆明滇池旅遊度假區，並且建設麗江、紅河、騰衝、文山、西雙版納五個省級文化產業園區示範基地，把文化產業園區的投資和資源進行整合，建設重大文化基礎設施項目，打造面向東南亞和南亞的國際文化高地。

這三類龍頭企業不僅支撐了雲南省文化產業的發展，而且還為雲南省文化產業做大做強集群式發展、成為支柱性產業奠定了基礎。

3. 重視市場主體規範，拓展海外市場渠道

雲南省文化產業的發展與雲南省對文化產業市場培育的推進密不可分，雲南省在市場主體培育和規範、海內外文化貿易渠道建設等方面做了大量工作，極大地推動了文化產業的發展。

經過多年的培育和有效管理，雲南省文化市場主體規模不斷擴大，機構數增加了30%，文化市場企業具備一定規模。文化市場主體的利潤、營業收入和資產都在大幅增加。如表4-3所示。

表4-3　　　　　　　　　雲南省文化市場主體

項目	2010年	2014年	增減數	幅度
機構數（個）	8,765	11,429	2,664	+30.4%
從業人員（人）	37,248	56,892	19,644	+52.7%
資產總計（萬元）	336,878	988,232	651,354	+193%
營業總收入（萬元）	178,062	462,689	284,627	+160%
利潤總額（萬元）	72,041	146,902	74,861	+104%

首先，雲南省文化市場不斷完善是因為其對各種文化市場主體進行規範培育。2014年，雲南省根據《公安部、工業和信息化部、文化部、國家工商行政管理總局關於開展無照經營網吧整治工作的通知》精神，取締無照經營網吧的同時，改進網吧區域佈局和准入政策，適當放寬總量，規範網吧市場秩序，從而保障網吧行業有序發展。

其次，雲南省還按行業分佈進行規範。雲南省文化市場主要分佈在縣城，文化市場主要以曲靖、昆明、紅河、玉溪這些經濟相對發達的地區分佈較多，市場收益也相對較好。各地區按照歌舞娛樂場所、電子游戲室、互聯網上網服務營業場所、文藝表演團體、演出經紀機構、藝術品經營機構等行業類別分別加強治理和規範，放寬數量，整治質量，整頓文化產業市場秩序，保障文化產業市場的健康運行。

最後，雲南省還積極開拓海外文化產業市場，促進文化產業規模擴大。雲南省不斷加強省部合作項目建設、推動邊境文化貿易交流、積極擴展國際市場。2014年雲南省組織了22個對外演出團體機構和563個參與交流人員。其中雲南藝術團20人到非洲坦桑尼亞、加蓬訪問演出，並且參加中加建交40週年、中坦建交50週年慶祝活動，同時還順利實施與墨西哥中國文化中心年度

合作項目，並且派出 5 個團組赴墨西哥展開交流活動，除此之外，雲南省還組織文化藝術團赴老撾、緬甸開展「文化中國・七彩雲南」的文化交流活動，展現了雲南獨特的民族文化。

通過市場規範和市場推廣，雲南省文化產業市場逐步完善起來，為文化產業發展提供了優良的軟環境。

4. 發展文化事業，兼顧社會效益

文化事業發展是文化產業發展的重要基礎。雲南省文化產業的繁榮，得益於文化事業的大力投入和政府對文化繁榮的重視，文化領域的公共服務為文化產業的發展提供了政策環境的比較優勢。

第一，支持力度大。雲南省文化事業發展除了中央財政支持外，省級政府對公共文化服務體系建設的投入支持力度較大，2015 年雲南省共安排公共文化服務體系建設相關資金 23.46 億元，比上年增加 6.23 億元，同比增長 26.6%。

第二，實施重大文化民生工程，提高居民文化意識。為逐步實現基本公共文化服務均等化和廣覆蓋，雲南省實施了重大公共文化民生工程。2015 年中央和省級財政統籌安排資金 4.44 億元，重點支持了廣播電視「村村通」、農村廣播電視節目無線覆蓋、文化資源共享、農村免費電影放映、農家書屋書報更新、「六館」免費開放等重大公共服務工程，進一步保障廣大人民群眾，尤其是廣大農民均等地享受基本公共文化服務。這為雲南省文化產業發展提供了較好的人文環境和市場基礎。

第三，探索農村文化建設的有效模式。雲南省財政每年安排文化惠民專項資金 6,000 萬元，以「文化樂民服務農村和諧建設、文化育民服務農民素質教育、文化富民服務農業發展」為核心，以「農民演藝協會、農民素質教育網絡培訓學校、農村文化產業合作社」為載體，從「雲南現象」總結、提煉出「雲南模式」，創造了農村文化建設的「雲南經驗」。目前全省建成文化惠民示範村 397 個、農文網培學校 1,249 個、農村文化產業合作社 300 個。這些措施大大提高農村文化水準，培育了文化產業的農村市場。

第四，加大對文化設施和文化精品的投入。2015 年雲南省財政投入文藝精品創作專項扶持資金 3,000 萬元，用於音樂、電影、文學、戲劇、美術等各方面的優秀作品創作補助和獎勵；同時，還投入世界少數民族傳統文化搶救保護經費 2,000 萬元，對少數民族的傳統文化進行整理、挖掘、開發、保護，加

大力度保護、利用、開發和升級傳統文化資源。2015年，中央和雲南省級財政投入重點文物保護資金4.098億元，對省級重點文物保護單位進行支持，特別是抗戰遺址的搶救和保護支持。

綜上所述，雲南以旅遊業為先導，文化產業與旅遊等相關產業深度融合，跨越以製造業為主的工業經濟形態，這與雲南省政府戰略科學佈局、職能部門統一營運、決策試點先行；城鄉參與保持特色、商業模式創新、立足本土開拓海外、文化富民等措施密不可分，「雲南現象」為推進文化產業成為國民經濟支柱性產業提供了很好的藍本。

4.3 四川省文化產業發展的情況

四川省是西南地區經濟最發達的省份，2015年經濟總量達到3萬億元，同時四川省是眾多少數民族集聚地區，擁有藏羌彝文化產業走廊的主要區域，也是各少數民族文化中心。因此，四川省的文化產業發展模式具有典型示範效應，是文化產業發展的代表模式。

1. 制度創新推動產業發展

世界各國的文化產業都是在一定的經濟載體基礎上發展起來的，如農業、工業、服務業等的發展，這恰恰是欠發達地區的劣勢。因此，在經濟欠發達地區發展文化產業形成比較優勢，首先要形成制度環境優勢才能逐步實現要素的聚集。四川省發展文化產業是從制度創新促進公共服務開始推動的。

一是科學規劃引領發展。2003年10月，四川省委宣傳部制定了《關於西部文化強省建設的五年規劃》，其中一條措施是「整合資源、調整結構」「培育七大產業集團」。從此，四川確立「以大集團帶大產業」的發展思路，即利用政府力量推動資本的原始累積，以迅速培育產業主體。2014年，文化部、財政部聯合印發《藏羌彝文化產業走廊總體規劃》，四川省立即編製了民族地區文化產業發展的專項規劃《藏羌彝文化產業走廊（四川區域）發展規劃》，成為近兩年四川省民族文化產業發展的推動力量。

二是借助公共信息引導文化企業發展。首先是用科學的規劃做引導，通過提供信息實現調控。其次是對准入領域明確規定，規範和推動民間資本進入。2005年11月，四川省制定了《四川社會資本投資文化產業的指導目錄》，對文化產業29個行業的相關准入問題進行了規範，推動了社會資本對文化產業

的投資，之後每年都有相關的指導制度。最後是建立示範效應。四川省在2005年就開始授予個人「四川省文化經營管理突出貢獻者」稱號，2014年還評定「文化產業十佳企業」，無論個人層面還是企業層面都為四川省文化產業發展提供了方向和標杆。

三是完善市場。2004年6月，四川省公布了《關於加快文化體制改革和文化產業發展的意見》，要求「政府有關綜合部門和財政、國資、人事、勞動保障、稅務、工商行政管理等部門加強溝通協商，認真落實好支持文化體制改革和文化產業發展的財政、稅收、社會保障、產業經營、投融資、資產處置、市場准入等方面的保障政策」。從公共服務的角度減少文化產業發展的成本，從而推動文化產業的發展。

四是大力支持會展等載體平臺的發展。2005年，四川省舉辦「文化產業發展論壇暨首屆四川文化項目推薦會」，採取「論壇+項目推介+成果展示」的模式，促使43個文化項目達成合作協議，項目合同金額為40.4億元人民幣。該論壇隨著舉辦次數的增加簽約金額也在逐步增加，在2012年四川省「文化產業項目推薦會暨簽約儀式」上，四川新華發行集團有限公司、廣安紅色文化影視旅遊城等企業在現場分別與投資者進行簽約，簽約總金額超過300億元人民幣。此類論壇已經成為四川省推動文化產業發展的成功模式。

2. 發展特色民族文化品牌

四川省作為多民族地區聚居地，其文化產業和各民族地區生活密切相關，在此基礎上建立起來的文化品牌難以複製和規模化，四川省利用這一優勢大力發展特色民族文化品牌，促進了文化產業的發展。

一是文化產業與城鎮化結合發展。四川省以城鄉統籌發展為重點，積極推進省內文化旅遊資源的整合和品牌化，在文化旅遊方面重點發展會展商務、歷史文化、民俗風情、城市旅遊、鄉村旅遊、紅色旅遊、專項與特種旅遊等多元化的複合型旅遊文化品牌。同時利用大熊貓、三星堆、九寨溝三大品牌和樂山（峨眉山）、青城山（都江堰）、九寨溝、黃龍四大世界自然遺產，促進旅遊文化品牌建設，加強旅遊城鎮景區與文化融合發展。

二是文化與生活性服務業結合發展。最典型的例子是成都的錦里，它是全國文化產業示範基地，也是四川省文化產業發展的名片。在這條街上，濃縮了成都生活的精華。同時，它將水引入錦里在街區循環，形成「水岸錦里」的景觀。錦里把家常的、本土的、草根的生活行服務業融入文化消費中，雖然商

店裡賣的是茶葉、筷子、蠶絲被、燈籠和土特產等初級產品，但與其他地區不同的是這些產品承載了錦里的歷史文化符號。這種發展模式非常適合經濟欠發達的民族地區的文化產業發展。

三是利用旅遊文化資源塑造民族演藝業品牌。最典型的例子是九寨溝藏羌民族演出，九寨溝的藏羌風情晚會目前發展比較成熟，它現在已經是在全國獨具特色的文化品牌。一些藏族歌手在九寨溝建立起了自己的演出中心，九寨溝已經成為以地域文化為核心的民族文化中心，除了四川省本土演員，青海、西藏等民族地區知名選手也會在這裡登臺演出。這是由於九寨溝旅遊發達，積聚了大量的遊客，這也是演藝業的市場基礎。同時，九寨溝甲蕃古城中擁有全球最大室內舞臺——九寨天堂大劇院，表演廳接近3萬平方米，裡面設有1,600多個座位，在這裡以藏羌民族文化為背景各種大型晚會都會每天上演，同時現代化與高科技結合的聲光電水等舞臺技術在這裡都有應用。九寨溝演藝業體現了民族性、現代性、效益性，是特色文化產業的代表。

3.「核心層」龍頭文化企業帶動發展

按國家統計局的文化產業分類，文化產業的「核心層」是指文化藝術、廣播電視和新聞出版，「外圍層」則指文化旅遊、會展服務、網絡文化業等領域，「核心層」和「外圍層」近年來在四川都保持比較好的發展勢頭。這是因為四川省大力支持龍頭文化企業的發展。

一是組建國有龍頭企業，輻射全省發展。四川共組建了八大文化集團：峨眉電影集團、四川廣播電視集團、四川新華發行集團、四川日報報業集團、四川出版集團、四川黨建期刊集團、四川博文集團、成都日報報業集團。各大集團通過資源整合、體制創新，綜合實力明顯增強。目前，四川省以八大集團為龍頭，已形成以文化演藝、廣播影視和新聞出版為主的多元化文化產業發展態勢，以成都市為核心，輻射帶動四川省各地文化產業區域佈局，以國有文化企業為主體，多種經營方式並存的文化企業主體結構。

二是推動國有文化企業主營業務多元發展，將其做大做強。四川新華發行集團有限公司就是政府支持的大型國有文化企業，2005年，四川省作為集團主要發起人成立了四川新華文軒連鎖股份有限公司。2007年，新華文軒在香港上市，2010年，與四川出版集團聯合重組新華文軒，截至2012年年底，集團已經發展成為總資產109億元，年營業收入48億元，員工超萬人的國有大型文化企業。它是四川省文化產業項目的主要承擔者之一。此類國有文化企業

的發展有利於四川省把握文化產業的發展方向和趨勢，體現文化產業社會性和效益性的統一。

三是把旅遊文化產業作為「核心層」文化產業輻射的主要載體。作為文化產業「外圍層」的四川文化旅遊業等，四川走出了自己的發展模式。核心層的龍頭企業通過四川省的民俗、民族、文化遺產以及古鎮、節慶活動等文化產業載體推動文化產業發展，同時成為特色文化資源和時尚旅遊融合發展的基礎，四川省大力支持三星堆文化產業園、大邑安仁文博旅遊發展區等十大文化旅遊產業園，建設昭化古城、李莊古鎮等十大文化旅遊特色鎮；在這些地區通過龍頭企業推出巴蜀文化旅遊書籍和影視節目，將四川省的古蜀文化、紅色文化、民族文化、三國文化等文化資源與特色自然資源有機融合，大大推動了旅遊業的發展。2014 年，四川省旅遊業帶動的地區生產總值為 2,701.06 億元，占全省地區生產總值的 9.47%，對全省地區生產總值的貢獻從 2013 年的 11.09%上升到 15.14%，提升了 4.05 個百分點。旅遊業成為四川經濟發展新增長點，四川省也是全國第一個旅遊標準化示範省。

4. 推動非國有文化企業發展

非國有企業的發展是文化產業活力的來源。四川中小文化企業發展迅速，文化系統中小文化企業占全部文化企業總數的 95%以上，在四川省文化產業發展格局中占據不可替代的地位。四川省通過推動民營及中小文化企業等非國有企業發展促進了文化產業發展。

一是非國有主體推動特色文化資源轉變為文化資本。四川省民營資本以項目融資、直接投資、間接投資等多種方式進入影視製作、出版物分銷、影院改造和文藝演出、電影放映、游戲製作、娛樂及動漫等行業，打破靠政府投入發展文化的格局。民營文化企業在四川省深度參與文化產業大項目的完成。如錦里仿古旅遊街就是成都武侯祠錦里旅遊文化經營管理公司成功運作和修建的，把成都的民俗與旅遊文化融合發展，被譽為「成都清明上河圖」。四川建川實業集團與該企業還在大邑縣建造博物館群落，這些項目被文化部評定為全國「文化產業示範基地」。又如「西部驚奇歡樂谷」是萬貫集團和 103 家外商投入近 5 個億投資建設的。這些文化產業項目都是文化資本運作的成功案例。

二是培育中小文化企業。中小文化企業信息渠道不通、融資難，抗擊打能力不強，很難在市場條件下做大做強。2012 年，四川省文化廳用「四部曲」助推中小文化企業的發展：①通過公共服務平臺促進中小文化企業發展；②設

立中小文化企業貸款貼息專項資金，扶持中小民營文化企業；③扶持文化品牌建設；④設立創意設計孵化平臺。這些措施減少了交易成本、增加了扶持力度，大大提高了中小文化產業的競爭能力。

5. 加強文化公共服務

四川省屬於欠發達地區，文化產業高速發展離不開文化公共服務支持，它是文化產業發展的基礎。四川省文化公共服務促進了文化消費群體的市場形成，同時提高了區域文化水準，大大推動了文化產業的發展。

一是推進基層文化基礎設施建設。例如農民體育健身工程、農家書屋、行政村「村村通」數字衛星廣播電視工程等建設推動了農村文化產業的發展。2015年全年四川居民人均可支配收入達17,221元，其中，農村居民收入大幅增長，達到10,247元，在全國排名第一，增速位居全國第七。這是由於四川省在推進基層文化基礎設施建設的過程中，以農家樂為代表的「文化+農業」的文化產業發展模式取得了巨大成功，增加了農民收入。

二是推動文化建築的建設。「十一五」和「十二五」期間，四川省建設了一大批公共文化設施，包括金沙遺址博物館、四川博物院、巴金文學院、郭沫若藝術院等標志性文化建築建設，成都市還建設文化產業保稅倉庫等市場設施，這些項目的推進和完成，對人文文化資源的保留和傳承具有重要意義，對於完善四川省文化產業軟環境將起到積極作用。

三是舉辦文化活動推動文化產業發展。四川省文化廳每年舉辦「魅力藏羌彝·影像大發現」活動，並在四川省各個城市輪流舉辦少數民族藝術節。四川省還開設「巴蜀講堂」、四川音樂樂團「行走的孩子」公益文化活動、成都市錦江區舉行「文化進社區」公益活動，這些活動讓藝術大家為社區居民普及文化知識，提高了民眾的文化水準，為高雅文化培育市場打下基礎，而且大大推動了文化產業的發展。

[資料1] 成都市錦江區文化創意產業現狀調查

作為一種低污染、低能耗、高附加值的新型行業，文化創意產業在促進區域經濟增長、促進產業創新和結構優化等方面做出了很大貢獻。成都自2007年的「創意文化年」開始，文化創意產業如雨後春筍般誕生，發展勢頭迅猛。與此同時，錦江區文化創意產業作為錦江區國民經濟體系中的先導產業，創意

圍和文化創意產業基地不斷發展，逐步成為四川省文化創意產業的中心。

一、錦江區文化創意產業發展現狀

（一）文化創意產業規模不斷增大

自 2007 年以來，在成都市委市政府領導下，錦江區根據區情實際進行產業結構調整，文化創意產業規模不斷增大。如圖 4-1 所示，在 2007—2013 年這七年間，全區文化創意產業增加值增長了約 85 億元，平均年增長約 12.2 億元。2007 年全區的文化創意產業的增加值為 25 億元，約占全區生產總值比重的 8.3%；2008 年，全區文化創意產業行業的企業數為 536 個，資產總額為 10.50 億元，營業收入為 17.15 億元；2010 年，增加值達到近 65.67 億，占全區生產總值的比重已經達到 15.22%，三年增加值翻一番；2012 年，全區已擁有文化創意企業達 1,400 餘家，文化創意產業增加值達到 91.9 億元，占生產總值比重超過 15%；2013 年，全區文化創意企業達 1,500 餘家，全區文化創意產業增加值實現 110.42 億元，增加值近乎再翻一番，占全區生產總值比重達 16%，占全市文化創意產業增加值的約 1/4，全省約 1/9，文化創意產業規模已位居全省各區（市）縣首位（見表 4-4）；2014 年，全區文化創意企業達 1,625 家，全區文化創意產業增加值預估實現 117 億元以上，繼續領先全市全省發展，同時，在西部（雲、貴、川、藏）城市中，優勢明顯。在經濟新常態的背景下，錦江區文化創意產業的戰略性地位會更加凸顯，產業發展規模不斷擴大。

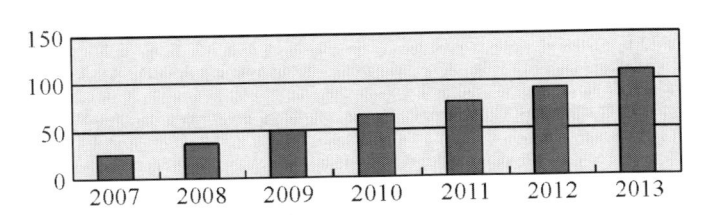

圖 4-1　錦江區文化創意產業增加值逐年遞增圖（單位：億元）

表 4-4　成都市及其五城區 2010—2013 年文化產業增加值及占比

	2013 年		2012 年		2011 年		2010 年	
	增加值（億元）	占全區生產總值比重（%）	增加值（億元）	占全區生產總值比重（%）	增加值（億元）	占全區生產總值比重（%）	增加值（億元）	占全區生產總值比重（%）
成都市	453.13	4.91	403.95	4.96	322.86	4.65	257.39	4.64
錦江區	110.42	16	95.1	15.68	78.95	15.49	65.67	15.22

表4-4(續)

	2013年		2012年		2011年		2010年	
	增加值（億元）	占全區生產總值比重（%）	增加值（億元）	占全區生產總值比重（%）	增加值（億元）	占全區生產總值比重（%）	增加值（億元）	占全區生產總值比重（%）
青羊區	57.34	—	50.35	7.31	40.77	6.97	39.79	8.12
金牛區	45.86	—	43.88	6.32	31.07	5.24	24.74	4.92
武侯區	83.37	—	79.65	12.42	48.63	8.78	38.28	8.12
成華區	16.08	—	15.63	2.81	8.05	1.69	1.14	0.29

數據來源：2013年經濟普查數據資料。

（二）文化創意產業組織多元化

錦江區文化創意產業不僅規模不斷擴大，而且多種組織形式的文化創意企業推動傳統文化產業轉型升級。2012年，全區納入財稅平臺統計的文化市場主體合計1,418家，文化企業分類呈現如下情況：文化藝術培訓類664家，影視傳媒類269家，廣告企劃類266家，展演出版類158家，工業設計類36家，其他類25家（見圖4-2）。其中，擁有雄厚資本的國有大型文化企業，包括提供專業技術和管理服務的全球諮詢集團美國艾奕康設計、國際知名廣告公司法國華道佳集團、日本大型設計機構GK設計集團、中國四大廣告集團之一的大賀傳媒股份等也開始跨媒體、跨地區、跨行業經營，紛紛入駐錦江區文化創意產業園區。此外，民營資本投入到文化創意產業的表現比較活躍，國有企業、民營企業、外資企業的參與也為錦江區文化創意產業注入了新的活力。

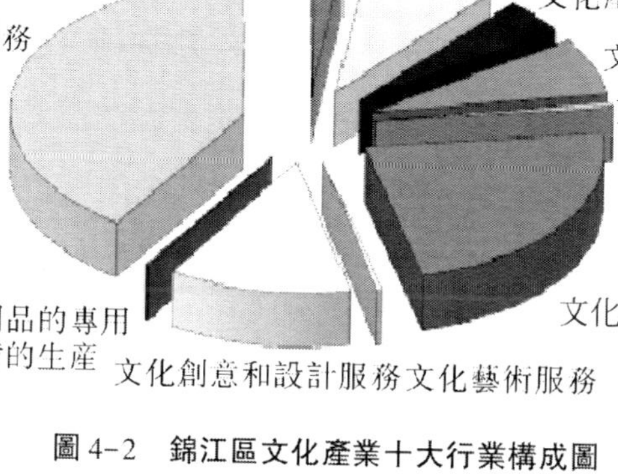

圖4-2 錦江區文化產業十大行業構成圖

數據來源：2013年經濟普查數據資料。

(三) 文化創意產業的區域特色強

錦江區的文化資源極其豐富多彩，在文化打造中，全區特別注重城市歷史文脈傳承與現代文化融合，全力打造充分體現錦江特色的地標性文化精品，培育和發展西部最具影響力的文化藝術基地。2014 年，錦江區依託成都廣告園、藍頂美術館、梵木藝術館、許燎源博物館、U37 創意倉庫等強勢項目，共舉辦了 80 餘場文化創意展示、交流、體驗活動，並借「2014 年成都創意設計周」的契機繼續發力，成功打造了文化創意節會活動品牌。在城市更新過程中，全區充分利用歷史文化保護區、宗教寺廟、歷史建築資源，深入挖掘文化底蘊，打造了一批彰顯特色的歷史文化街區，依託大慈寺片區宗教歷史文化資源，打造集觀光、體驗、休閒、購物為一體的文化旅遊聚集區。此外，全區在充分借鑑其他城市政策、體制、設計、建設、營運的成功經驗的基礎上，結合成都獨特的資源優勢，打造了西部首個國際性藝術品交易平臺——成都藝術品報稅倉庫（成都國際文化藝術品交流中心）項目；為促進錦江區設計研發機構的成長，構建城市藝術新地標，推動城市生活品質的提升和地區創意經濟的發展，全區於 2014 年 10 月 11 日成功啟幕了成都「愛‧盒子」創意空間，致力於打造出成都最國際化、最具創意、最「IN」的當代創意藝術部落；依託藍頂藝術家群落而誕生，以「搭建青年藝術交流平臺、促進公眾對當代藝術的理解認知」為使命，打造出了成都藍頂美術館；全區還相繼打造了全國首家藝術類私人博物館——成都許燎源現代設計藝術博物館、生產創意的基地「梵木藝術館」、文藝交流的新去處「成都清源際藝術中心」、別具一格的創意集落區「成都 U37 藝術倉庫」等項目，通過文化創意項目搭建起的公共服務平臺大大促進文化創意產業的發展。

(四) 文化創意產業就業能力持續提升

目前，錦江區已經建成了紅星路廣告傳媒出版走廊、錦江創意產業商務區廣告產業園和成都東村廣告產業園，形成了文化創意產業「一廊兩園」的空間格局。在紅星路廣告傳媒出版走廊，紅星路 35 號廣告創意產業園區、四川廣播電影電視局、四川報業大廈、成都傳媒集團大廈和亞太大廈等主流媒體機構和知名企業樓宇，入駐廣告及關聯企業 1,200 餘家，就業人員達 2 萬餘人。此外，在國家、省市的關心支持下，以「紅星路 35 號」為核心，擴展打造「一廊兩園」產業佈局的成都廣告產業園區，2012 年園區入駐企業 116 家，聯繫及服務的廣告及廣告關聯企業 1,051 家，經營總額為 36.6 億元；2013 年全

區文化創意產業從業人員總數達 50,246 人，其中園區引進企業 267 家，從業人員約 5,340 人，聯繫及服務的廣告及廣告關聯企業 1,250 家，從業人員約 24,528 餘人；2014 年，園區產業載體已近 30 萬平方米，已成功引進各類大、中型廣告企業 316 家，聯繫及服務的廣告及廣告關聯企業 1,480 家。2014 年 4 月，園區正式獲得國家工商總局授牌，成為西南地區目前唯一的「國家廣告產業園區」。園區品牌示範效應初步形成，產業聚集力和對外影響力不斷提升。

（五）文化創意產業實現產城融合集群發展

錦江區充分借鑑倫敦的南岸藝術區、北京的 798、上海的田子坊等項目打造經驗，不斷探索舊城改造新模式，實現城市有機更新，既促進了產業的轉型升級，又走出了文化創意產業與城市更新相通的新路。通過租、改、建等形式將一些舊廠房、閒置校舍、舊居民樓等進行改造和業態調整，引進文化創意機構和企業。比如，將老舊廠房改造成為「紅星路 35 號廣告創意產業園」。又如在崇德里街巷改造過程中，既保護了歷史文化，又植入茶舍、餐飲、住宿等情景體驗消費業態，實現了歷史文化與商業營運功能的有機融合，走出了一條歷史文化保護與民生保障「兩保護」、文化價值與商業價值「雙提升」的保護性改造新模式。「地下藏經閣」成都方所面積約 4,000 平方米，圖書 10 萬種，書目 20 萬冊，是目前中國最大的民營書店，其定位是展現藝術設計、人文文學的最新動態，設置有四大書區：港臺書區、人文文學書區、藝術設計書區和生活飲食書區，營業期間平均每日人流量約七八千人次。鋭鈀街「青年文化創意街區」雲集了「鋭鈀街 41 號」「Let's Grind Fresh Roasted Coffee 咖啡店」「宓集藝術文化坊」「非白陶社」「臻雅藝術創作工作室」等 12 家特色文化商店，是集圖書售賣、公眾休閒、文化交流於一體的特色文化街區，更現代化、國際化、文藝清新的鋭鈀街已經成為青年人休閒交流成長的新棲居地。水井坊公司通過與區域政府合作，充分發揮了水井坊——中國白酒第一坊的品牌價值，從而擴大了水井坊對外的影響力，形成區域政府之間的資源共享、利益共享的產業發展新格局。「交子」品牌的打造，加快了金融類企業在東大街金融街的大量聚集。「天府門廊」項目的建設，匯集了金融服務、高端商業、文化創意、高端居住等服務，形成了成都又一條城市產業發展主軸，與人民南路形成連接成都主城區與天府新區的「雙翼」樞紐。

二、錦江區成為成都市文化創意產業發展示範區的背景

（一）文化體制改革的深化

在深化文化體制改革過程中，改革本身不僅使文化市場主體可通過橫向的市場資源配置獲得新的發展動能與空間，而且促進了文化市場主體跨地區、跨行業、跨所有制發展，極大地推動了文化與科技、金融等的業態融合，成為文化創意產業迅速發展的最大內驅力。十七屆六中全會以來，《關於深化文化體制改革的若干意見》《關於鼓勵、支持和引導個體、私營等非公有制經濟發展的若干意見》《關於非公有資本進入文化產業的若干決定》《關於文化領域引進外資的若干意見》等政策文件的頒布，推動了全國文化市場機制體制的完善。黨的十八大以來，以改革為動力，堅持社會效益與經濟效益相統一，進一步深化文化體制改革。與此同時，四川省也出拾了《中共四川省委關於深化文化體制改革加快建設文化強省的決定》和《四川省深化文化體制改革實施方案》，對文化體制改革工作做出了系統安排，其中涉及深化文化宏觀管理體制改革、構建現代公共文化服務體系、現代文化市場體系和優秀傳統文化傳承體系等多個方面；成都市錦江區也出拾了《中共成都市錦江區關於進一步繁榮發展文化事業和文化產業加快建設文化強區的意見》《中共成都市錦江區委成都市錦江區人民政府關於大力發展文化創意產業的意見（試行）》等一系列政策文件。這些政策推動了文化體制的改革創新，推進了錦江區文化產業快速發展。

（二）經濟發展方式轉變

作為一種從傳統產業中獨立出來的新興產業類型，文化創意產業具有高附加值性和創新性，其依託各地的文化、科技、知識等資源，拉動了經濟的增長，成為城市轉型和發展的重要引擎。隨著新一輪西部大開發的推動，文化、資金、人才的西移將加大，成都市文化創意產業將成為經濟轉型升級的重要切入點。成都市出拾了《中共成都市委成都市人民政府關於加快科技創新促進經濟發展方式轉變的意見》，並印發了《關於貫徹落實<中共成都市委成都市人民政府關於加快科技創新促進經濟發展方式轉變的意見>重要舉措的實施方案》的通知。與此同時，在四川建設文化強省和成都建設文化強市的戰略框架下，在成都市委宣傳部的指導下，為了轉變經濟發展方式，錦江區順應中國經濟發展趨勢和立足四川省、成都市乃至錦江區發展實際的客觀要求，提出成為商貿文化繁榮區、成都文脈傳承區、文化產業引領區、現代藝術展示區和社

區文化示範區,成為中西部最具影響力、全國一流的成都「文化之心」的文化發展目標。

(三) 城市現代化發展

成都是中國離中亞、南亞、西亞和歐洲最近的特大中心城市。「絲綢之路經濟帶」和「21世紀海上絲綢之路」宏偉目標的提出,處於西部內陸的成都獨特的區位優勢逐漸顯現出來。有著良好交通基礎設施和巨大經濟承接能力的成都,不僅是絲綢之路經濟帶延伸向中亞、西亞和歐洲的重要樞紐,也是歐亞國家進入中國發展最適宜的中轉站。頂級的酒店品牌、85%的歐美一線品牌商品、極具東方特色的蘭桂坊夜生活……這些都是成都市錦江區吸引國內外人士的重要因素。目前成都國際一線品牌引進率超過85%,已成為西部地區高端國際品牌投放首位度最高的城市,建設創意之城和時尚之都的目標已成為成都市錦江區打造文化創意產業發展示範區的必然選擇。自2012年起,錦江區文化創意產業占全區生產總值的比重(15.49%)已超過北京(12.3%)。這充分說明錦江區已經完全步入後工業化時期,實現了區域經濟發展智能轉型。目前,錦江區亟須進一步深化文化創意產業發展與城市融合發展,推動錦江區城市現代化進程。

(四) 文化創意產業融合發展

在文化創意產業和其他產業融合發展方面,錦江區一直發揮示範作用。主要表現在以下幾個方面:一是文化創意與商務融合創新。著力提高商品貿易和服務貿易的文化含金量,提升商品和服務增值空間,挖掘西部文化的商業價值和消費吸附力。增強「成都創意設計周」貿易促進和成果轉化功能,探索實施貿易制度和貿易設施便利化措施,擴大創意設計進出口規模。鼓勵社會資本打造文化商務服務產品、交易服務平臺和會展活動品牌,支持大型設計企業參與國際項目設計投標。二是文化創意與旅遊會展體育融合創新。深度挖掘三國、金沙、詩歌文化及青城山—都江堰、大熊貓、天府古鎮等歷史文化資源和西部地區民族風情,支持成都文旅集團、成都傳媒集團發揮政府投資引導作用,整合市場資源打造文化旅遊精品;保護開放一批老民居、老會館、老茶館、老廠房和老字號等「老成都記憶」;發揮我市民間博物館眾多的優勢,鼓勵組織民間藏品向社會開放和巡迴展出;豐富歷史文化街區、天府古鎮、旅遊度假區的文化吸引力,提升星級農家樂的鄉村文化互動體驗功能。三是文化創意與科技金融融合創新。深化成都國家級文化和科技融合示範基地建設,加快

推進錦江區文化和科技融合創意產業園等5個文化和科技融合示範園區建設。加快高新技術成果向文化領域轉化應用，支持企業開發技術上有創新性和獨占性、擁有自主知識產權或技術標準、具有市場潛力的文化科技創新產品。鼓勵金融創新、擴大文化消費，培育消費信貸市場，創新消費金融產品，發揮金融創新對文化消費的刺激促進作用，滿足多層次、多元化文化消費需求。鼓勵金融機構和第三方支付機構開展網上銀行和移動支付業務，擴大電子錢包在文化領域的支付應用，改善演藝娛樂、文化旅遊、藝術品交易等行業刷卡消費環境，提升文化消費便利化水準。四是文化創意與生態養老健康融合創新。加強對傳統村落和非物質文化遺產項目的搶救保護，構建以人為本的宜居建築空間、城鎮空間、社區空間。以北城改造和天府新區成都片區建設為重點，堅持將城市業態、形態、生態與文態有機融合，將優秀創意設計注入城市設計和景觀風貌規劃，突出成都文化特色，促進文化創意與生態養老健康融合協調發展。由此可見，無論區域發展定位、現實經濟基礎還是產業融合特徵，推進錦江區成為成都市文化創意產業發展示範區具有重要意義。

三、錦江區文化創意產業發展面臨的機遇與挑戰

(一) 機遇

1. 全球文化產業發展趨勢

近年來，國內外文化產業對國民經濟增長的貢獻不斷上升。2004年，中國文化產業增加值僅為3,440億元，2014年已達24,017億元，占GDP的比重從2.15%提到3.77%，年均增速超過20%，十年增長了6倍，遠高於同期GDP增速。當前，美國文化產業占GDP的比重已達25%，發達國家文化產業占GDP的比重平均在10%左右。隨著中國經濟結構不斷優化升級，將從傳統的、低端製造業出口為核心的增長模式轉型升級到以創意經濟為主要驅動力的產業發展模式，這將為錦江區建設文化創意產業提供了人才、市場等發展機遇。

2. 中國「一帶一路」倡議

「一帶一路」雖然是一個空間概念，但它是用文化將歷史、現實與未來連接在一起，推動中國融入全球化的一個戰略架構。因此，文化是「一帶一路」靈魂，文化共識及價值認同的基礎戰略的地位和作用，成為「一帶一路」倡議的重要認知維度。當前，錦江區建設文化創意產業示範區，可以利用國家倡議加強文化產品國際化的價值重塑與升級，著力推進民族區域傳統文化與現代

國際文化消費市場接軌,並融入「一帶一路」倡議,進一步激發外向型經濟活力,加快成都市國際化大都市建設步伐。

3. 已有各項文化創意產業發展政策

中國創意產業發展始於2006年,當年中國出抬了《國家「十一五」時期文化發展規劃綱要》,首次提到「創意產業」。此後,全國各地政府紛紛推出扶持文化創意產業發展的相關政策,從而拉開了中國創意產業發展的序幕。如表2所示。同時,四川省、成都市、錦江區政府都非常重視文化產業的發展,制定了各個層面的文化產業支持政策。如成都市制定了《成都市「十一五」時期文化發展規劃綱要》《成都市文化創意產業發展規劃(2009-2012)》《成都市文化發展「十二五」規劃》等規劃,錦江區相繼出抬了《錦江區關於大力發展文化創意產業的意見(試行)》《關於進一步繁榮發展文化事業和文化產業加快建設文化強區的意見》等一系列政策意見,以促進文化創意和設計服務與相關產業深度融合創新發展。

表4-5　　　　　　　已有各項文化創意產業發展政策

國家	《國家「十一五」時期文化發展規劃綱要》
	《文化產業振興規劃》
	《關於金融支持文化產業振興和發展繁榮的指導意見》
	《國務院關於推進文化創意和設計服務與相關產業融合發展的若干意見》
	《關於加快發展對外文化貿易的意見》
四川	《關於申報四川省首批文化產業重點項目和重點企業的通知》
	《四川省人民政府關於加快推進文化產業發展的意見》
	《四川省重點文化產業發展實施方案》
	《關於加快發展對外文化貿易的實施意見》
	《推進文化創意和設計服務與相關產業融合發展專項行動計劃(2014-2020年)》

表4-5(續)

國家	《國家「十一五」時期文化發展規劃綱要》
	《文化產業振興規劃》
	《關於金融支持文化產業振興和發展繁榮的指導意見》
	《國務院關於推進文化創意和設計服務與相關產業融合發展的若干意見》
	《關於加快發展對外文化貿易的意見》
成都	《成都市「十一五」時期文化發展規劃綱要》
	《成都市服務業發展規劃（2008-2012）》
	《成都市文化創意產業發展規劃（2009-2012）》
	《成都市文化產業發展「十二五」規劃》
	《成都市貫徹落實廣告產業發展「十二五」規劃實施意見》
	《成都市文化創意和設計服務與相關產業融合發展行動計劃（2014-2020）》

數據來源：中國經濟網。

4. 錦江區堅持規劃引領，加強產業領導

2007年以來，錦江區著手調整產業結構，形成了以總部經濟為龍頭、以現代商貿為基礎、以金融服務文化創意休閒服務為新增長點、以高技術為支撐的國際化、高端化、現代化「1+4」產業發展新體系，大力發展現代服務業。在服務業體系中，明確文化產業為主導產業之一，積極推動產業轉型升級，引導文化企業集聚發展，基本形成以工業設計、廣告創意、出版傳媒和原創藝術等行業為重點的文化產業發展格局，錦江已成為名副其實的四川文化產業中心。近年來，錦江區一直堅持規劃先行、先謀後動的理念，不斷加大錦江區文化創意產業推進工作領導小組的統籌力度，牽頭組織推進規劃實施。按照成都市戰略性產業功能區建設的要求，以及區委、區政府確定的構建「1+4」現代產業體系的目標，牽頭推進「以傳媒為主的文化創意產業區」的建設，將發展文化創意產業的各項工作落到實處。相繼制定並出抬了《錦江區大力發展文化創意產業的意見（試行）》《錦江區加快推進紅星路35號廣告產業園建設，促進廣告產業發展若干扶持政策（試行）》，配套涵蓋財政、金融、科技、人才、招商引資等各領域的扶持政策，區財政每年安排區級文化創意產業發展專項資金1,000~3,000萬元，全力扶持企業做大做強；協助重點文化企業積極爭取上級文化產業專項資金，拓展市場空間，做大做強企業項目。以錦

江區廣告產業發展為例，錦江區政府直接投入1億多元，撬動近12億元社會資金打造廣告樓宇近30萬平方米，2012年廣告園區成功引進318家廣告及關聯企業。2012年底，錦江區廣告業產值達36.6億元。2013年，園區已經建成7棟廣告專業樓宇和廣告創意特色街區；2014年，園區已成功引進各類大、中型廣告企業316家，聯繫及服務的廣告及廣告關聯企業1,480家，經營總額達51.69億元。

(二) 挑戰

1. 文化創意產業相對發達地區支持不足

錦江區文化創意產業發展起步較晚，基於創意依託的產業基礎薄弱，產業鏈條過短，發展載體匱乏。與國內發達城市中心城區相比，錦江區在文化創意企業數量、銷售收入等方面，還存在較大差距。2012年，根據錦江文化產業發展實際，選擇北京朝陽區（798）、上海黃浦區（8號橋）、廣州越秀區、深圳福田區等文化產業發達地區進行比對，錦江區文化產業增加值為91.9億元，均低於以上城區，占全區生產總值的比重達15.49%，排名第二，僅次於上海黃浦區（23%）。就發展總量來看，與區情相當的越秀區（文化產業增加值為186億元，占全區生產總值的比重為10%）相比，絕對值少94.1億元，但占地區生產總值的比重高出5.49個百分點。此外，部分骨幹企業雖然在區內經營但不在本區納稅，對錦江區文化創意產業增長的直接貢獻不明顯。與北、上、廣、深的文化發達城區相比，我區文化創意產業還處於發展初期，在一定程度上呈現「散、小、弱」的特點，對區域經濟的貢獻度大的龍頭企業偏少，4A廣告企業數量停留在個位數。以北京朝陽區為例，共有41,574家文化企業，2012年地方經濟貢獻達80億元，單體企業地方貢獻為19.24萬元；我區單體企業地方貢獻僅為6.7萬元。

2. 文化創意產業鏈還需拓展延長

完整的產業鏈有利於形成產業倍增效應，進而提升整個產業鏈的價值和競爭力。目前錦江區擁有西部第一、全國第三，集文化產權交易、投融資服務、文化企業孵化、文化產業信息發布於一體的專業化綜合性服務平臺——成都文化產權交易所（成都文交所），產品轉化為經濟提供了強有力的保證。該平臺促進了文化從業者工作的積極性，加快了全產業良性發展。但錦江文化創意產業鏈還存在諸多薄弱環節，有的產業鏈未能得到有效整合、強化和延伸，不能實現效益最大化，亟須強鏈補鏈。比如，錦江原創藝術領域，沒有形成完整的

產業鏈，缺少類似佳士得這樣的拍賣機構，導致藝術品交易市場沒有發展起來。此外，全區在國內外有影響力的文化創意產業園區數量較少。

根據2015年中國最具影響力的產業園區排行榜顯示，成都只有成都高新技術產業開發區、成都國家廣告產業園2家入選，分別排名為第6位和第26位，而北上廣深等經濟較發達城市擁有的產業園區數量較多，比如北京中關村科技園、深圳高新技術產業園、上海張江高科技園區、上海漕河涇開發區等排名前四位；並且在錦江區文化創意產業中，文化信息傳輸服務業、文化創意和設計服務業經濟規模較大，營業收入位列各行業前三（2013年），且持續增長。其中，文化信息傳輸服務業單位總數22家，實現營業收入44.2億元，占文化創意產業總收入的比重達到22.62%，從業人數達17,486人，占文化創意產業就業人數的比重為34.80%；文化創意設計服務業單位數為321家，營業收入23.3億元，占文化創意產業總收入的比重為12.24%，以工業設計，時尚設計、建築業設計等為主體的設計產業加速發展，特別是新入駐我區的「成都基準方中建築設計有限公司」，2013年建築設計營業收入達到了6億元，與上年同期相比增幅達到10%以上，帶動了整個產業的迅速發展。可見錦江區文化產業開發模式過於單一。從構成文化創意產業結構中，錦江區新聞出版發行服務比重偏大，且主要集中在傳統的傳媒企業，企業的盈利能力較低，而以新媒體為代表的文化創意產業新業態發展不足，動漫產業、數字出版、網絡遊戲產業、網絡視聽產業等新媒體業態市場份額、產業規模與全國先進地區比還存在較大的差距，導致資源有效利用率不足。這將是未來錦江區文化創意產業集聚區發展的重要方向。

3. 文化創意產業發展受土地供給制約

錦江區文化創意產業發展在很大程度要依託載體建設來推進，該區地處城市中心，區域面積為62平方千米，但可用作文化創意產業規劃面積占總行政面積不足萬分之一，相比之下，上海黃浦區的文化創意產業規劃面積在2011年已達到總行政面積的萬分之二，是錦江區的兩倍以上。土地供給不足是錦江區難以發揮對成都市其他區縣文化創意產業引領帶動作用的主要掣肘。根據文化產業本身的產業規律，對於創業者而言，他們更能接受低密度建築，而非高端寫字樓。為突破這一瓶頸，全區應充分利用區域內閒置舊廠房和校舍、原有的工業園區和城鄉接合部的可利用土地資源，努力拓展產業發展新空間。

4. 文化創意品牌還需做大做強

錦江區歷史文化資源比較豐富，目前全區擁有以中國古董、古籍圖書、書畫、手工藝製品等為代表的物化傳統文化的文化區域東大街的「古玩城」以及大慈寺、水井坊、梵木藝術館、許燎原藝術館等文化品牌，並且還擁有數百位藝術領軍人物，環比其他城區具有顯著優勢，且藝術領軍人物對外影響力大，對經濟的支撐作用明顯。但錦江具有「大手筆、大投入、帶動力強」的文化大項目、大平臺不多。例如，像上海浦東新區投資達數百億元德迪士尼、東方夢工廠等重大項目，錦江相對缺乏。並且在文化挖掘和利用層面還有待加強，文化與旅遊、商業、科技等的融合不夠。該區「文化產業」「文化創意」的工坊、園區較多，數量逐年增長，然而在規模急遽擴張下，文化創意品牌塑造相對不足，文化品牌向有形產品的戰略延伸相對不足。文化創意產業發展需將創意作為生命線，並通過精品塑造來打造真正強勢的文化品牌，從而起到示範作用。錦江區應以建設文化創意產業示範區為契機，大力推動「藝術品保稅園區」和「國家對外文化貿易基地」建設，重點圍繞藝術品原創、博覽與交易，積極對接著名藝術品交易機構，借助藝術品博覽和拍賣活動的舉行，吸引海外藝術品仲介機構、藝術基金會、收藏家、投資商和藝術家的關注，培育藝術品原創與交易的產業鏈條，構建原創藝術品交易中心。同時依託成都廣告產業園國家級廣告產業園的品牌效應，力爭引進美國 DMG 等 4A 廣告企業，招大引強廣告產業，使錦江區廣告產業的影響力和美譽度不斷提升。同時，利用獅子山坡地藝術區、錦江文化創意產業園和 528 藝術東村等文化項目建設的優勢，集群發展文化創意產業，加速推進文化創意產業強鏈、擴鏈集群發展。

5. 文化創意產業發展不平衡

錦江區文化創意產業相對其他產業發展較快，同時，文化創意產業園區內專業化程度不足。一方面，錦江區文化創意和設計服務涵蓋工業設計、軟件開發、數字媒體、廣播影視、動漫游戲等領域，發展較快，但與其他相關產業融合度不夠，出現「兩張皮」現象，使文化創意產業產值難以大幅提升，也使部分製造業附加值提升較慢。從 2012 年錦江區文化產業銷售情況來看，銷售收入以展演出版類和影視傳媒類為主，占比 74.81%，其次為文化藝術培訓和廣告企劃類，占比 22.85%，以上文化產業重點門類銷售收入總占比為 97.66%。另一方面，文化創意產業園區出於對經濟利益的考慮，對產業園區貢獻較大的往往是那些大型國有企業，而民營企業儘管數量較多，對園區帶來

的社會效益較大，但帶來的經濟效益較少。2012年全年共引進文化企業304家，完成全年文化企業引進任務的101%，新引進文化企業註冊資金超過及等於500萬元的共22家，主要集中在廣告文藝（影視）傳媒製作設計類，其餘92.8%為中小型企業。2013年，上海自貿區揭牌「滿月」之際，各類文化企業入駐自貿區已超過150餘家，相比錦江區文化企業而言，上海自貿區內大企業占比大，國有企業占比大，而中小微企業占比小。此外有些不屬於集聚區定位範疇內的企業也被允許進入，導致集聚區存在內容蕪雜，發展不均衡的現象。

5 中國文化產業發展面臨的問題

中國文化產業發展受自然條件、歷史發展、地理位置、經濟落後和觀念滯後的限制,使得豐富文化資源未能有效轉化為文化產業發展優勢。概括來說,中國文化產業在發展過程中主要表現的「短板」有下面幾方面。

5.1 文化產業發展基礎薄弱

中國文化產業基礎薄弱,無論是公共文化服務體系建設、藝術創作、文物遺產保護、企業經營,還是固定資產投資、地方財政支持以及大眾娛樂消費需求,從供給和需求上都存在發展不足的問題。這是多種因素造成的結果。第一,地理氣候基礎設施與文化產業發展匹配較差。中國雖然幅員遼闊,但是地區地理差異較大,具有較好的文化資源的地區海拔高、氣溫低寒、冬季漫長等不利自然條件,導致道路交通等基礎設施建設滯後。加之自然災害頻發,生態環境脆弱,高度制約地區文化發展,影響文化資源的產業轉化。另外,民族地區雖然文化資源豐富,但是人口稀少、流動性低、人口分佈不平衡,且經濟貧困、城鎮化率低,制約了文化產業的規模化、集約化發展。① 同時,中國文化產業整體規劃不足、多散落式發展、產業集聚度不高。中國文化產業發展往往都以行政區劃為界限各自發展,合作較少,呈散落式發展。散落式發展極大浪費了地區資源和基礎設施,造成經濟效益低下,環境壓力沉重,也削弱了競爭優勢。

---

① 塞莉.民族地區文化產業發展的困境和對策——以四川藏區為例 [J]. 西南民族大學學報(人文社會科學版),2013(8):172–176.

5.2 文化資源的開發和保護不匹配

在中國發展文化產業過程中普遍存在「重開發、輕保護」的短視行為，這不利於民族文化的可持續發展。中國部分文化資源在開發過程中遭受不同程度的破壞，甚至永久性地消失，如西部民族地區旅遊業，一些開發商為謀取私利，對旅遊資源進行掠奪式開發，破壞了當地的生態環境；一些文物古跡被過度包裝甚至改頭換面，破壞了其原貌和歷史厚重感；一些民間習俗、儀式、舞蹈被粗俗化、簡單化，破壞了原有的神韻；在一些地方，由於開發不善，嚴重破壞了民間原始建築和文物古跡，有些甚至被毀滅。黃河流域的生態環境也因為無序和過度地開發，遭到嚴重破壞；沙漠化已經成為西部牧區甚至一些內地的最大威脅，如內蒙古的沙化以及華北地區的干旱。這些短視行為，既破壞了自然文明以及人與自然的和諧，惡化了人類賴以生存的環境，也破壞了社會文明以及人與人的和諧，不利於構建和諧社會。①

5.3 文化產業化程度不高

中國文化產業的物化程度、產業規模、產業結構和產業細分程度和價值鏈長度都不夠，主要表現為：第一，文化產業與其他產業融合不足。當前中國文化產業發展存在兩個極端現象，東部發達地區以高新技術為載體發展影視、游戲等內容產業，其他大部分欠發達地區民族文化資源的開發主要停留在旅遊業，導致許多其實可以獨樹一幟的民族文化項目被埋沒或成為旅遊業的副產品。而民族手工業、民族歌舞、民族醫學、民族服飾雕刻絲綉等藝術項目，缺乏合理包裝、宣傳和引導。第二，文化資源整合性差。文化資源包括民間工藝品、古鎮、村落、各種社會活動、各種手工藝品、民間藝術等。這些文化資源雖然豐富，但是文化產業價值鏈的長度不夠，可以說只是簡單地傳播，品牌知名度較低。民間藝術等文化產品價值低下，甚至淪為熱場拉客的表演。這種「快餐文化」缺乏持久的生命力，不能推動文化產業長足發展。

---

① 陳秋萍. 西部地區可持續發展民族文化產業對策研究 [J]. 改革與戰略, 2006 (9): 37-39.

5.4　文化人才儲備不足，科技基礎薄弱

人才是所有產業發展最重要、最活躍的生產要素。無論是經濟建設，還是文化建設，都離不開高素質的人才。但是中國文化產業發展缺乏文化理論研究、文物鑒賞和保護、文化開發和旅遊等方面的人才。造成該現象的主要原因：一是各個地區尤其是欠發達地區引進人才難度高，如西部民族地區由於基礎設施不健全，經濟發展落後，配套資金不足，難以吸引優秀文化人才駐足西部著眼長遠發展；二是中國政府對教育投入不足，無法吸引和留住優秀人才，造成教育規模小、質量不高、人才稀缺，遠遠滿足不了時代發展的需求；三是人才成本增加，文化產業正在成為支柱性產業，優秀文化人才變得緊俏，文化人才待遇豐厚，流動性較高，高昂的文化人才成本無法將文化資源優勢有效地轉化為文化產業優勢。這些都極大地制約了中國文化產業的蓬勃發展。

5.5　文化產業管理體制有待優化

中國文化產業相對於西方國家起步較晚，發展滯後。文化產業管理體制也缺乏與實際相適應的創造性，多沿襲西方的管理模式，缺乏靈活性，主要存在如下三個問題。第一，政府管理職責不清。中國各地區普遍存在文化產業管理上既多頭管理、交叉不清、過度管理，又各自為政、管理缺位的問題。任何文化產品一律需要通過文廣、新聞、出版等主管部門審批。而最重要的文化產業監管職能有時又沒有落實到位，在文化產業的門檻問題、文化產品質量問題和文化市場的規範問題上的監管力度明顯不夠。第二，管理體制不合理。政府有時直接管理、制定文化產品的運作和文化企業的目標任務，甚至干預文化企業的人事任免。計劃手段管理文化事業讓文化企業演變為附屬於政府的「事業單位」，與市場經濟脫節，失去了競爭活力和創新能力。部分文化產業由國家事業單位統籌管理甚至壟斷，行業壁壘高，勢力單薄的民營企業無法參與，難以共享資源和優化生產要素配置，不利於文化產業的快速發展和崛起。第三，文化產業扶持政策不足。稅收優惠、減免、返還政策少，沒有向創新意識強、生存壓力大的中小文化企業傾斜，激勵效果不明顯。[1]

---

[1] 塞莉. 民族地區文化產業發展的困境和對策——以四川藏區為例 [J]. 西南民族大學學報（人文社會科學版），2013（8）：172-176.

[資料2] 文化創意產業虛擬園區管理研究
——基於貝葉斯集體選擇模型分析

一、問題的提出

產業園區在孕育、發展、壯大、升級、再發展的過程中，是介於企業、宏觀經濟、地區經濟的範疇，它通過企業聚合成為產業現象從而影響宏觀經濟，同時產業園區又通過企業競爭和技術創新呈現動態變化的特徵，因此，產業園區的營運管理直接影響一國經濟結構、發展方式和創新變革。

文化創意產業園區是當前國內外特定經濟形勢條件下的產物。十七屆六中全會以來，中國將文化產業在理論和政策層面上升到國民經濟支柱性產業的地位，作為載體的文化創意產業園區在各地區應運而生。黨的十八大以來，文化創意產業園區的發展方向更加具體。其中文化創意產業園區由於與人的創意的密切關係，不僅具有經濟形態，還具備一定的社會功能。當前的文化創意產業園區包含如下範疇：首先，它是一個空間載體，這是文化創意產業園區的物理特徵；其次，它的內容是文化創意產業，這是文化創意產業園區的經濟特徵；再次，它是以一系列文化創意產業集群式發展為特徵的，這是文化創意產業園區的組織特徵；最後，它的發展目的是為了提高人的精神生活水準，這是文化創意產業園區的社會特徵。

文化創意產業園區承載無形的文化創意，它的物理特徵、經濟特徵、組織特徵和社會特徵都可以通過虛擬組織實現。文化創意虛擬園區作為文化創意產業發展的載體具有可行性，它拓展了文化創意產業發展的空間維度，減少了交易成本，推動了文化創意產業的發展。在實踐中，中國目前已經出現眾多的以互聯網平臺為基礎的文化創意產業虛擬園區，但是這些園區僅僅限於把線下企業搬到線上營運。由於入駐企業規模有限，如何吸引核心龍頭企業入駐，從而帶動專業產業園區的發展是當前文化創意產業虛擬園區管理面臨的難點，亟待從理論上探討文化創意產業虛擬園區入駐企業的選擇問題。

二、國內外相關研究追溯

關於文化創意產業園區的組織管理形式，國外比較有代表的觀點有以下幾類。德瑞克·韋恩提出的文化園區概念，文化園區是指特定文化消費和生產的地理場所，它將文化與娛樂聚集在一個城市中的某個地理場所，文化園區不僅

包括經濟層次的消費和生產，還包括工作、居住、休閒等一體化的需求。Wansborough、Mageean 和 Nolapot Pumhiran 定義了文化創意產業園區，他們認為文化創意產業園區是一個受到空間限制的地理性區域，在這裡文化相關產業高度集中，並且形成集群，這個集群是由文化創意企業和文化創意個人組成，因此文化創業園區除了建設企業所需設施外，還需要建設文化創意個人所需要的生活設施，包括兒童相關設施和娛樂設施等。非企業的設施和輔助生活設施促進了文化創意產業集群的完善①。另外，Hilary Anne 和 Frost Kumpf 提出了文化區概念，他們認為文化區是一個完善的組織，它提供所需的文化活動條件、組織各種藝術活動、為社會提供就業機會、提供文化生活場所，這種文化區使得藝術很容易進入社區生活②。

在上述文化創意產業園區組織形式不斷完善發展的同時，傳統的文化創意產業園區組織形式不斷進化，產生了文化創意產業虛擬園區，它把空間載體的物理特徵從實物要素轉化為虛擬平臺，通過虛擬模仿促使文化創意產業集群式發展。1991 年 Kenneth Preiss 首次提出以虛擬企業為基礎的敏捷製造概念（Agile Manufacturing），虛擬企業成為知識經濟時代非常重要的組織形式③。之後，很多學者開始從虛擬組織概念、虛擬組織的形成原因、虛擬組織結構的設計、虛擬組織的生命週期模式、虛擬組織的合作夥伴選擇方法等方面進行研究，但是虛擬組織的管理模式還有面臨很多瓶頸④。近年來，隨著中國文化創意產業園區對虛擬營運模式的探索，文化創意產業虛擬園區如雨後春筍般產生，成為「互聯網+」發展模式的創新。文化創意產業虛擬園區是虛擬組織的專業化組織形式，本文從文化創意產業的角度試圖對該問題進行研究。

三、文化創意產業虛擬園區入駐企業集體選擇的貝葉斯模型

文化創意產業虛擬園區的虛擬特徵決定了其在管理與組織過程中，入駐企業之間普遍存在不完全信息。中國文化創意產業虛擬園區一般情況下是由一個核心企業發起建立平臺，吸引其他企業入駐。作為一個集群的文化創意產業虛擬園區，需要對入駐的企業進行組織與管理。入駐企業的行動選擇影響整個集群的營運，同時也影響文化創意產業虛擬園區的總體運作規劃，若把入駐企業

---

① 樊盛春，王偉年. 文化產業園區理論問題探討 [J]. 企業經濟，2008：7-11.
② 李蘭. 文化產業園區建設：一個文獻綜述 [J]. 改革，2010 (9).
③ 肯尼思·普瑞斯，史蒂文·戈德曼，羅杰·內格爾. 以合作求競爭 [M]. 沈陽：遼寧教育出版社，1998.
④ 韓贇. 高技術虛擬企業知識管理模式 [M]. 上海：上海財經大學出版社出版，2010：1-10.

作為一個整體,就是一個入駐企業面對文化創意產業虛擬園區決策集體選擇的問題。

1. 模型設定

文化創意產業虛擬園區入駐企業的選擇與入駐企業類型等相關信息密不可分,而入駐企業的選擇依據不同,入駐企業是否如實匯報註冊信息,一般情況下文化創意產業虛擬園區的核心企業對此難以控制。這會使得道德風險和逆向選擇問題的存在,這種情況下,可以利用貝葉斯集體選擇模型來研究虛擬園區的集體入駐選擇問題①,用 Γ_i^c 來表示集體選擇,該模型為:

$$\Gamma_i^c = [S, D, (T_i)_{i \in S}, (p_i)_{i \in S}, (U_i)_{i \in S}] \tag{1}$$

在(1)式中,效用函數 $U_i: D \times T \to R$ 為入駐企業 i 在文化創意產業虛擬園區集體選擇中的效用,P_i 為入駐企業 i 在園區中相對於其他參與企業有關企業的類型分佈,S 為文化創意產業虛擬園區的入駐企業集合,D 為入駐企業在園區的可選擇條件,T_i 為入駐企業 i 的企業類型,這裡 $T = X_{i \in S}$,T 表示虛擬園區各入駐企業的某種類型組合。

2. 信息激勵條件

文化創意產業虛擬園區的集體選擇機制是對任一函數 $\mu: T \to \Delta(D)$,就是對 D 中的各個選擇 d 和 T 的可能的每一個類型組合 t,選擇機制 u 都可以確定概率 $\mu(d|t)$ 來表示在入駐企業所匯報的類型組合 t 的條件下,園區的集體選擇 d 成為選擇機制的條件概率,所以,u 的微分必須滿足概率條件:

$$\sum_{d \in D} \mu(d/t) = 1, \mu(e/t) \geq 0, \forall_e \in D, \forall_t \in T \tag{2}$$

當文化創意產業虛擬園區的所有入駐企業都如實匯報企業信息時,於是某一類型為 t_i 的入駐企業 i 預期效用為:

$$U_i(\mu/t_i) = \sum_{t_{-i} \in T_{-i}} \sum_{d \in D} p_i(t_{-i}/t_i) \mu(d/t) u_i(d, t) \tag{3}$$

其中 t_{-i} 為入駐企業 S 中除 i 以外的其他企業的類型,T_{-i} 為除 i 之外的園區各入駐企業的類型。

然而,對於類型為 t_i 的園區入駐企業 i 來說,如果除 i 之外的所有入駐企業都如實匯報各自的企業信息,而 i 卻匯報自己的企業信息為 S_i,這時預期效用為:

$$U_i^*(\mu, s_i/t_i) = \sum_{t_{-i} \in T_{-i}} \sum_{d \in D} p_i(t_{-i}/t_i) \mu(d/t_{-i}, s_i) u_i(d, t) \tag{4}$$

---

① 羅杰·B·邁爾森. 博弈論. 北京: 中國經濟出版社, 2001: 195-203.

機制假如 u 是激勵相容的，只有所有的入駐企業都如實匯報各自的信息時，才存在 u 誘導的貝葉斯博弈均衡，即若 u 是激勵相容的，就要滿足以下的信息激勵條件：

$$U_i(\mu/t_i) \geq U_i^*(\mu, s_i/t_i), \forall_i \in S, \forall_{t_i} \in T_i, \forall_{s_i} \in T_i \tag{5}$$

對於文化創意產業虛擬園區的貝葉斯集體選擇問題，當不存在入駐企業不服從文化創意產業虛擬園區決策的時候，在園區中任何一個由 Γ_i^* 通過把園區決策的結果作為入駐企業信息匯報的函數形成的博弈中，任何一個策略均衡都等價於滿足上述條件的某個激勵相容機制。

3. 入駐企業的選擇機制

在一定情況下，文化創意產業虛擬園區的某項集體選擇決策，沒有合作企業預先的一致同意，那麼這個集體決策就不能被執行；因此，文化創意產業虛擬園區的集體選擇決策結果應該要滿足一定的參與條件。文化創意產業虛擬園區作為一種戰略合作聯盟，組建之前已經在園區的企業主體之間產生共識——面對競爭要共同選擇，而文化創意產業虛擬園區就是共同選擇的體現。這裡最大的問題是，在模型中需要闡述當園區決策不被各個入駐企業共同選擇時怎麼辦。在博弈模型中，D 中規定 d^* 作為指定的沒有達成共識的變量，如果對園區決策不能達成共識，則 d^* 結果就會發生。不能達成共識的變量 d^* 所對應的支付條件就是貝葉斯集體選擇的參與條件，參與條件表示為：

$$U_i(\mu/t_i) \geq \sum_{t_{-i} \in T_{-i}} p_i(t_{-i}/t_i)\mu_i(d^*, t), \forall_i \in S, \forall_{t_i} \in T_i \tag{6}$$

當滿足條件（6）式的參與條件，文化創意虛擬園區的集體選擇的機制 u 才是理性的，即文化創意產業虛擬園區的入駐企業自身對各自的類型比較清楚。因此，只有在 u 能夠與沒有達成共識具有同樣效用的條件下，入駐企業才可能同意機制 u 為文化創意產業虛擬園區制定的集體選擇所進行的共識決策。

一般情況下，對於各入駐企業來說，文化創意產業虛擬園區的集體選擇必須滿足（6）式的要求；對於文化創意產業虛擬園區集體選擇博弈的任何一個均衡結果，只要有一家或多家入駐企業採取不是共識的結果，那麼就存在一個等價的參與約束條件，使得不是共識的選擇決策發生。所以，集體選擇的結果只有滿足（5）式和（6）式的要求，文化創意產業園區的貝葉斯集體選擇才是可行的。

文化創意產業虛擬園區貝葉斯集體選擇的結果，應該是集體博弈的均衡解，如果不是，那麼這個貝葉斯集體選擇的結果是不穩定的並且無效。

4. 入駐主體的集體選擇條件

在文化創意產業虛擬園區入駐主體進行集體選擇時，對於沒有達成共識的結果，假設效用額度為0，這樣讓每個博弈的入駐企業在文化創意產業虛擬園區決策失敗的條件下，付出的效用代價為0，即：

$$\mu_i(d^*, t) = 0, \forall_i \in S, \forall_t \in T \tag{7}$$

因此，按照上述假設條件，(6) 式可直接簡化為：

$$U_i(\mu/t) \geqq 0, \forall_i \in S, \forall_t \in T \tag{8}$$

由此可見，文化創意產業虛擬園區入駐企業的集體選擇一致性尤其重要，因為入駐企業的集體選擇結果一致性將會影響到文化創意產業虛擬園區決策的結果。舉一個例子，假設一個核心企業組建文化創意產業虛擬園區，這個虛擬園區主體的縱向合作關係需要核心企業把產業鏈上的企業聚集起來，那麼核心企業要在組建過程中挑選期望企業的類型，並簽訂雙方合作的條件。假設有一個潛在的入駐主體，它需要明確自己的企業類型是強（1.1類型）還是弱（1.2類型），而它作為文化創意產業虛擬園區一員的機會成本分別為 b 和 a（$a>b$），加入文化創意產業虛擬園區對於上述的核心組建企業的效用分別為 B 和 A（$A>B$），且 $a \leq A$，$b \leq B$。在核心組建企業不能明確潛在入駐企業的類型之前，且潛在入駐企業也不能進行有效承諾的條件下，做如下設定：

設定潛在入駐企業主體的類型為 $T_1 = \{1.1, 1.2\}$，1.1是強勢入駐企業，1.2是弱勢入駐企業，核心組建企業的類型為 $T_2 = \{2.0\}$，所以就有方程成立 $p_1(2.0 | t_i) = 1$，$p_2(1.1 | 2.0) + p_2(1.2 | 2.0) = 1$，$\forall t_i$ 表示雙方的信念，雙方在組建文化創意產業虛擬園區時選擇的結果集就可能：

$$D = \{(q, y) | 0 \leq q \leq 1, y \in R\} \tag{9}$$

在 (9) 中，對於 D 中的每個 (q, y)，y 表示合作的約束條件，q 表示雙方簽約的可能性。這裡潛在入駐主體和核心組建企業的效用函數可以表示為 u_1 和 u_2，具體為：

$$u_1[(q, y), (1, 1, 2.0)] = y - aq$$
$$u_2[(q, y), (1, 1, 2.0)] = Aq - y$$
$$u_1[(q, y), (1, 2, 2.0)] = y - bq$$
$$u_2[(q, y), (1, 2, 2.0)] = Bq - y \tag{10}$$

設定 $u(Q, Y): T \rightarrow D$，得出的 $[Q(\cdot), y(\cdot)]$ 為文化創意產業園區入駐主體類型，用 $Q(t)$ 和 $y(t)$ 分別表示合作概率與合作約束的期

望，則：

$$Q(t) = \int_{(q, y \in D)} q d\mu(q, y/t)$$

$$Y(t) = \int_{(q, y \in D)} y d\mu(q, y/t)$$

$$0 \leq Q(1.1) \leq 1$$

$$0 \leq Q(1.2) \leq 1 \tag{11}$$

每個類型的入駐主體從上述的方程中獲得的期望效用：

$$U_1(Q, Y | 1.1) = Y(1.1) - aQ(1.1)$$

$$U_1(Q, Y | 1.2) = Y(1.2) - bQ(1.2)$$

$$U_2(Q, Y | 2.0) = p_2(1.1 | 2.0)(AQ(1.1) - Y(1.1)) + p_2(1.2 | 2.0)\{BQ(1.2) - Y(1.2)\} \tag{12}$$

信息激勵約束條件：

$$Y(1.1) - aQ(1.1) \geq Y(1.2) - aQ(1.2)$$

$$Y(1.2) - bQ(1.2) \geq Y(1.1) - b(1.1) \tag{13}$$

參與的條件：

$$Y(1.1) - aQ(1.1) \geq 0$$

$$Y(1.2) - bQ(1.2) \geq 0$$

$$p_2(1.1|2.0)[AQ(1.1) - Y(1.1)] + p_2(1.2|2.0)[BQ(1.2) - Y(1.2)] \geq 0 \tag{14}$$

由於 $a \leq A$ 及 $b \leq B$，因此從博弈的角度分析，合作入駐文化創意產業虛擬園區對雙方主體都是有利的，即 $Q(1.1) = Q(1.2) = 1$，雙方應當合作。在這個條件下，滿足信息激勵約束條件與參與約束條件的合作 $y(t) = Y(1.1) = Y(1.2) \geq a$，因此核心組建企業的期望效用為：

$$U_2(Q, Y | 2.0) = p_2(1.1|2.0)A + p_2(1.2|2.0)B - Y(t) \tag{15}$$

5. 核心組建企業與入駐企業選擇合作的條件

通過以上分析，可以得出以下結論：

當 $Y(t) > p_2(1.1|2.0)A + p_2(1.2|2.0)B$ 時，不滿足核心企業的參與條件。

當 $a > p_2(1.1|2.0)A + p_2(1.2|2.0)B$ 時，滿足信息激勵參與約束條件的文化創意產業虛擬園區的入駐主體合作機制不可能存在。

當 $a > p_2(1.1|2.0)A + p_2(1.2|2.0)B \geq Y(t) \geq a$ 時，存在滿足信息激勵

參與約束條件的文化創意產業虛擬園區合作機制。

當 $Y(t) < a$ 時，入駐企業主體的激勵相容和理性條件不滿足。

以上四個結論，確定了文化創意產業虛擬園區選擇的入駐主體合作條件；只有在核心組建企業的期望支付大於強勢入駐主體的機會成本時才會存在合作條件，強勢入駐企業主體的機會成本是雙方合作條件的下限，核心組建企業的期望效用是合作條件的上限，最後的均衡的合作條件決定於雙方的博弈情況。

6. 均衡的合作條件

文化創意產業虛擬園區入駐主體與核心組建企業的合作條件是在滿足入駐企業信息激勵約束和個人理性約束下的均衡條件，偏離這個均衡條件，雙方的效用都會遭受損失。在效用最大化的條件下，通過對以下方程求解可以得到均衡博弈條件：

$$max\, f(Q, Y) = U_1(Q, Y \mid 1.1) + U_1(Q, Y \mid 1.2) + U_2(Q, Y \mid 2.0)$$

$$= Y(1.1) - aQ(1.1) + Y(1.2) - bQ(1.2) + p_2(1.1 \mid 2.0)[AQ(1.1) - Y(1.1)] + p_2[1.2 \mid 2.0)(BQ(1.2) - Y(1.2)]$$

$$s.t\ \ Y(1.1) - aQ(1.1) \geqslant Y(1.2) - aQ(1.2),\ Y(1.2) - bQ(1.2) \geqslant Y(1.1) - bQ(1.1)$$

$$Y(1.1) - aQ(1.1) \geqslant 0,\ Y(1.2) - bQ(1.2) \geqslant 0$$

$$p_2(1.1 \mid 2.0)[AQ(1.1) - Y(1.1)] + p_2(1.2 \mid 2.0)[BQ(1.2) - Y(1.2)] \geqslant 0$$

$$1 \geqslant Q(1.1) \geqslant 0,\ 1 \geqslant Q(1.2) \geqslant 0$$

$$p_1(2.0 \mid t1) = 1$$

$$p_2(1.1 \mid 2.0) + p_2(1.2 \mid 2.0) = 1 \tag{16}$$

對 (16) 式方程求解得到的均衡結果 (Q, Y)，這就是所求的均衡博弈結果。該博弈結果如下：

第一，弱勢入駐主體加入虛擬園區的期望值要不低於強勢入駐主體，即：

$$Q(1.1) \leqslant Q(1.2) \tag{17}$$

第二，滿足信息激勵約束條件與理性約束的合作條件下，弱勢入駐主體加入虛擬園區的預期效用要不低於強勢入駐主體，即：

$$U_1(Q, Y \mid 1.1) < U_1(Q, Y \mid 1.2) \tag{18}$$

由 (17) 式可以看出，在滿足信息激勵約束條件與理性約束的合作條件下，強勢入駐主體加入虛擬園區的可能性要低於弱勢入駐主體，因此強勢入駐

主體要求較高的合作條件。但是，(18) 式說明，強勢入駐主體與弱勢入駐主體各自效用代價並不相同，所以各自效用代價是影響各種類型入駐主體選擇文化產業虛擬園區的重要因素。

第三，合作延誤和合作失敗。根據結論 (17)，當在某些決策條件下，如 $Q(1.2) = 1$，就會出現 $Q(1.1) < 1$ 的情況，這個時候強勢入駐主體會拒絕入駐文化創意產業虛擬園區，即使 $A \geq a$，雙方仍然會產生合作失敗成本。假設要避免合作失敗成本，讓 $Q(1.1) = 1$，在這個條件下進行合作，會產生所謂的合作延誤成本，這是雙方磋商的時間成本。

合作延誤成本是文化創意產業虛擬園區入駐主體中強勢類型的成本函數，磋商時間成本用 $K(t)$ 表示，單位時間延誤的貼現率為 r，弱勢入駐主體的信息激勵約束表示為：

$$Y(1.2) - b \geq r^{K(t)}[Y(1.1) - b] \tag{19}$$

核心組建企業的個人理性約束條件表示為：

$$r^{K(t)}p_2(1.1|2.0)(A - Y(1.1)) + p_2(1.2|2.0)[B - Y(1.2)] \geq 0 \tag{20}$$

如果磋商失敗，均衡決策結果可由下面的規劃方程求解：

$$\max f(K, Y) = U_1(Y|1.1) + U_2(Y|1.2) + U_2(Y|2.0)$$
$$= r^{K(1.1)}[Y(1.1) - q] + r^{K(1.2)}[Y(1.2) - b] +$$
$$r^{K(2.0)}\{p_2(1.1|2.0)[A - Y(1.1) + p_2(1.2|2.0)(B - Y(1.2))]\}$$
$$s.t \; Y(1.1) - a \geq r^{K(1.1)}[Y(1.2) - a], \; Y(1,2) - b \geq r^{K(1.2)}[Y(1.1) - b]$$
$$r^{K(1.1)}[Y(1.2) - a] \geq 0, \; r^{K(1.2)}[Y(1.1) - b] \geq 0$$
$$r^{K(2.0)}\{p_2(1.1|2.0)[A - Y(1.1) + p_2(1.2|2.0)(B - Y(1.2))]\} \geq 0$$
$$p_1(2.0|t_1) = 1, \; p_2(1.1|2.0) + p_2(1.2|2.0) = 1 \tag{21}$$

對 (21) 式求解的結果為 $(K \cdot, Y \cdot)$，表示強勢入駐主體經過時間 $K \cdot$ 的延誤以條件 $Y \cdot$ 入駐文化產業虛擬園區。如果雙方使用共同的 r 去度量磋商延誤成本，那麼不會因為磋商延誤時間而增大有效激勵機制實現的期望效用。

四、文化創意產業虛擬園區如何加強入駐企業管理

文化創意產業虛擬園區和一般的虛擬園區類似，臨時把各方面聯合在一個「變形的企業內」。但是，文化創意產業虛擬園區雖然是物質元素基礎上的載體，但本身不是一個物質實體，這和傳統的文化創意產業園區相區別；文化創意產業虛擬園區中的不同企業或不同主體相互在虛擬園區構成一聯合體，在這裡企業主體不受時間和空間的限制。與一般虛擬園區不同的是，文化創意這個

园区的内容本身具有虚拟性，文化创意产业虚拟园区借用了虚拟组织的理念，利用虚拟组织的管理模式来推动文化创意产业集群的形成、发展。根据贝叶斯集体选择模型分析，文化创意产业虚拟园区对入驻企业管理要注意以下四方面：

第一，文化创意产业虚拟园区的管理基础是共享。文化创意产业虚拟园区与传统园区最大的不同就在于对入驻文化创意企业的跨地域管理。当前计算机技术实现了虚拟组织的跨地域管理，但文化创意产业虚拟园区的管理不是简单的对机器设备的管理，不能完全依赖信息网络。信息技术解决的是虚拟园区中企业主体的信息沟通问题，但是文化创意产业虚拟园区真正的活力在于企业主体之间建立在信息沟通基础上能力和价值的共享。这一共享是建立在上述模型的（5）式和（6）的条件基础上的。

第二，文化创意产业虚拟园区管理是网络化的多元管理。由于虚拟园区的入驻主体是参与活动能力的行为主体，在入驻后参与虚拟园区活动或互动造成了资源的流动，形成了一些彼此之间正式或非正式的关系（Hakasson H，1987）①，因此文化创意产业园区的管理重点在协调强势入驻企业主体和弱势入驻主体，强势入驻主体是虚拟园区生产力来源，是核心企业主要引入对象，辅助入驻主体（弱势入驻主体）也是虚拟园区不可或缺的要素，是推动虚拟园区生产力的重要因素。

根据贝叶斯博弈模型，并不是所有相关强势入驻主体都要引入虚拟园区，强势入驻主体的选择要依据（17）和（18）式所给的条件。因为在文化创意产业虚拟园区中，入驻企业的管理包括整合入驻企业外部的网络关系、入驻企业之间互动关系的管理。文化创意产业虚拟园区的管理活动不仅包括企业同供应商、客户交易中建立的产业价值链上的合作关系（强势入驻企业主体），还包括企业发展中与大学或研究机构、与政府、与行业协会等仲介组织之间的关系等（弱势入驻企业主体）。所以，从微观博弈角度来看，企业网络建构在很大程度上取决于企业如何与辅助部门连控，供应商如何和客户通过网络连接，虚拟园区的各种机构在文化创意活动中如何合作，如何在各个入驻企业之间扩散信息、创意等资源等。因此，文化创意产业虚拟园区是各种入驻企业主体在传递资源、交换资源过程中，实现企业主体在市场经济中经济功能时建立的关

---

① HAKASSON H. Industrial technological development, a network approach [M]. London: London Press. 1987.

係平臺。這是基於共同的文化背景和共同信任基礎，在文化創意產業虛擬園區中結成的非正式關係和發生在知識、技術等創造或市場交易過程中的正式合作關係。

第三，激發文化創意的共享和碰撞是文化創意產業虛擬園區管理核心。虛擬園區管理具有複雜性，文化創意產業虛擬園區更加複雜，這使園區在管理過程中很難找到明確的可控標準。協調各方按照虛擬園區要實現目的共享各自的知識與核心能力，是虛擬園區更有效的實現管理目標、激發園區活力的關鍵。文化創意產業虛擬園區把虛擬製造的理念植入文化創意產業的生產上，文化創意產業虛擬園區和其他虛擬園區的差異在於入駐企業的專業性，其行業與文化創意密切相關。而在激發文化創意的共享和碰撞的期望下，根據貝葉斯博弈模型，只有在核心企業的期望條件大於強勢入駐主體機會成本的情況下強勢企業主體才會入駐，因此考慮強勢入駐主體的入駐因素包括兩方面：一是強勢入駐企業入駐的機會成本，二是核心企業的期望支付條件。這是雙方產生文化創意共享和碰撞的基礎。

第四，文化創意產業虛擬園區核心組建企業要考慮和入駐企業的合作成本和效率。當前在「招大引強」的招商引資背景下，對核心組件企業的引資入園需要考慮成本。根據上述的貝葉斯博弈模型，文化創意產業虛擬園區入駐企業集體選擇中的合作延誤成本和合作失敗成本是可以相互轉化的，為了避免合作失敗成本，就會產生合作延誤成本。而對於文化創意產業虛擬園區的核心組建企業，在發起過程中，合作的延誤和合作失敗相比，一般情況下所造成的損失在質上面並沒有什麼區別，因為文化創意產業虛擬園區的虛擬性，使得創意和組織調整都很靈活，具有很強的時效性。如果合作延誤，文化創意產業虛擬園區的預期效用將大打折扣，在一定市場條件下甚至完全喪失，因此，合作成本和效率是文化創意產業虛擬園區的組建與運作在選擇入駐企業時要考慮的核心因素。

5.6 文化產業融資難尚未有效解決

中國文化產業長期以來主要依靠政府引導，資金來源主要集中於政府資助和銀行貸款，尚未形成多渠道融資體系，金融支持不足成為阻礙文化產業發展的瓶頸。中國文化產業融資問題主要體現在以下幾個方面。第一，社會資本尚

未有效支持文化產業。由於文化產業政策風險和市場風險大、知識產權保護不健全、交易市場不成熟，限制了社會資本對文化產業的深度支持。第二，政府扶持文化企業目標不清晰。政府資金過多流入經營性企業，擠占本該用於開發公益性文化事業的扶持資金，無法有效起到扶持資金的槓桿作用和引導作用。第三，文化產業貸款規模不能適應文化產業快速發展的融資需求。文化企業呈現「輕資產、重創意」的特徵，且大多文化項目普遍偏小、收益不高，風險把握難度大，銀行傳統的業務品種及擔保模式與其融資需求匹配度不高。第四，金融產品創新不足。金融機構較少關注文化行業，支持文化產業發展的意識淡薄，造成文化產業金融產品創新不足，缺少有針對性的金融創新產品和金融服務體系。第五，融資環境限制銀企合作層次的提升。缺乏專業性的文化產業融資擔保公司和完善的無形資產評估體系，造成無形資產質押確權、登記、託管、流轉制度不完善，制約了信貸資源對文化企業的支持。同時，法律法規對無形資產質押規定比較含糊，落地實施和可操作性差，使得金融機構在支持文化產業時存在政策風險顧慮。

[資料3] 文化產業融資模式調查

最近幾年在各項文化產業政策的大力支持下，文化產業快速增長，產業結構不斷優化，對經濟發展貢獻持續提升，但是其與拉動地方經濟增長的支柱性產業還有一定差距，其中資金瓶頸是制約文化產業發展的重要因素，因此，亟須建立與文化產業發展規律相適應的多層次、多渠道、多元化投融資體系，加快推進文化產業與其他產業融合發展。

一、當前文化產業融資模式

目前，文化產業的發展資金主要來源於政府和市場兩個方面，具體包括以下模式。

一是政府資助。政府資助主要是以貸款貼息、項目補助等方式，支持文化產業發展。例如，四川省政府設立有「省級文化產業發展專項資金」，財政廳、文化廳還設立了「四川扶持文化產業品牌專項資金」，扶持的對象以省級文化企事業單位為主，對中小文化產業支持力度不大。

二是銀行貸款。銀行貸款模式主要採取省級宣傳部、文化廳和商業銀行簽署支持文化產業發展戰略合作協議的形式，推進重大文化產業項目、示範園區

和重點企業建設。這種模式主要針對西部大型國有文化企業和文化集團，但是對規模小、創新意識強、進退靈活、抗擊打能力弱、生存壓力大的中小文化企業，扶持力度較弱。

三是直接融資。直接融資模式是撇開銀行等金融仲介，由文化企業作為資金需求方與公眾或機構投資者在金融市場上直接進行資金融通的過程。直接融資有發行債券和股票兩種方式。目前文化企業直接融資以債券融資為主，企業上市融資較少，例如四川省文化產業上市公司只有博瑞傳媒。

四是產業投資基金。產業投資基金模式是借鑑「創業投資基金」運作模式，通過發行基金份額募集資金，由專業基金管理人將其分散投資於特定產業的實業項目，投資收益按比例分成的投融資方式。當前，尚未建立市場化的專業文化產業投資資金。2011年設立的四川省產業振興發展投資基金面向電子信息、節能減排、環境保護、生物製藥、新材料、現代農業和文化產業等多個領域進行投資，文化產業投資力度居於末位，且無針對文化產業屬性提供金融支持的具體措施。

二、文化產業融資面臨的瓶頸

總體上來說，文化產業融資模式稍顯匱乏、渠道過於狹窄、投入與需求矛盾突出、過多依賴政府投入、缺乏市場機制介入，這些嚴重制約了文化產業的發展。具體表現為以下方面。

第一，高風險特性限制社會資本深度支持文化產業。一是市場風險大。文化產品尤其是文化創意產品需求的不確定性很大，存在現金流不穩定、預期收益難以評估、第一還款來源不明確等市場風險。二是知識產權保護不健全。中國知識產權法律採取分散立法方式，存在產權保護空白、衝突和不協調現象，知識產權被侵權時無法得到有效保護，影響知識產權的質押價值。三是政策風險大。文化產業意識形態較濃，專業性較強，難以有效把握發展趨勢和化解發展風險。四是文化產權交易市場不成熟，文化產品存在流動性不足帶來的無法及時處置變現的流動性風險。這些因素都阻礙著社會資本深度支持文化產業。

第二，政府扶持文化企業目標不清晰。文化產業在廣義上有公益性文化事業和經營性文化產業之分。把公益性文化事業和經營性文化產業混為一起統稱文化產業，會讓資金過多地流入經營性企業，擠占本該用於開發公益性文化事業的扶持資金，無法有效起到扶持資金的帶動作用。而如果公益性文化事業投入過少，滿足不了必要性和基礎性要求，就會影響和制約經營性文化產業的發

展。因為經營性文化產業要可持續發展，必須廣泛而長期地培育文化原創性，可這種培育的前景不確定性很大，需要長遠守望和持續投入，企業很難挑起這個重任。因此，需要政府重點扶持公益性文化事業以培養文化原創性，在文化原創性基礎上衍生發展的文化產品，用市場化的投融資方式來生產、銷售、傳播。

第三，銀行信貸與文化產業融資需求匹配度不高。文化產業企業具有「輕資產、重創意」特性，設備、土地、廠房等銀行認可的傳統抵押物極少，即使擁有版權、創意等無形資產，但由於缺乏相應的專業評估機構，其價值往往難以得到確認或確認不足。因此，文化企業在貸款時往往由於抵押不足而採取項目融資模式。但是大多文化項目普遍偏小、收益不多，風險把握難度大，結果是銀行傳統業務模式與文化產業融資需求匹配度不高。商業銀行這幾年在創新服務上做了很多調整，但是仍然存在很多問題，比如利息高、貸款手續複雜、貸款週期長等問題。

第四，缺乏文化投融資專業人才。文化企業的人才結構以文化藝術工作者為主，熟悉信貸和資本市場，擅長招商引資和資本運作的人員很少。文化企業融資，以銀行貸款為主，通過PE、風投、基金融資的很少。懂文化創意及其開發和運作的金融人才也很少。金融業和文化業的信息不對稱，是兩者難以有效融合發展的重要原因。

第五，仲介服務體系不健全。尚未成立文化產業專業擔保公司，尚未建立完善的無形資產專業評估體系，由於無形資產抵質押確權、登記、託管、流轉制度不完善，制約了信貸資源對文化企業的支持。同時，法律法規對無形資產質押規定比較含糊，落地實施和可操作性差，使得金融機構在支持文化產業時存在政策風險顧慮。

5.7 文化產業園區樓宇市場條件較差

目前，中國文化產業雖然已經有所發展，但總的來說規模尚小，且產業分散，品牌效應低。已經建設的文化產業園區，除了北上廣地區文化產業具有集聚效應，其他地區文化產業園區空有樓宇，企業入住率低，市場條件差，尚未培育出突出的核心競爭力。尤其是現代新興產業和文化產業融合發展的行業需要專業樓宇經濟支撐，而樓宇經濟市場條件具有較大差異。文化產業園區在招

商引資的過程中受到其他產業的衝擊，造成文化市場特色不明。中國文化產業一方面受到國外文化的滲透和衝擊，造成特色民族文化不突出。改革開放以來，特別是中國加入 WTO 以後，以因特網、音樂、體育、電影、電視為代表的美國文化裹挾著現代信息技術和商業運作模式，侵蝕滲透世界各民族文明，西方文化通過影視、演出、展覽和出版發行等渠道公開而合法地占領著發展中國家的文化市場，主導著文化消費傾向，極大地衝擊了中國本來就相對薄弱的文化市場。另一方面中國文化產業還將承受西方發展較早、發展體系較全的文化產業的壓力。兩面夾擊讓中國文化產業在夾縫中求生存，迷失自身的獨特個性，文化企業難以做大做強，文化產業難以形成完整的產業鏈並且集群式發展。

[資料4] 成都市溫江區樓宇經濟調查

成都市溫江區是屬於生態資源豐富的地區，其經濟發展以生態文化產業為主導產業，具有一定的代表性。近年來，隨著統籌城鄉和城鎮化發展，溫江區為發展旅遊、商業文化產業，建設了大量的樓宇地產，但由於缺乏產業支撐，樓宇經濟始終沒有崛起，成為制約文化產業發展的市場條件。

一、溫江區樓宇發展現狀

（一）樓宇初具規模

截至 2013 年底，溫江區內建成、在建、擬建和簽約的共有 30 座樓宇，如表 5-1 所示，總建築面積達 721.17 萬平方米，寫字樓面積 175.53 萬平方米，賣場面積 131.38 萬平方米，酒店 67.5 萬平方米。其中竣工 11 座，總建築面積 109.3 萬平方米，寫字樓面積 46.65 萬平方米，賣場面積 14.58 萬平方米，酒店 6.31 萬平方米。在建樓宇 12 座，總建築面積 284.13 萬平方米，寫字樓面積 173.03 萬平方米，賣場面積 14.58 萬平方米，酒店 6.31 萬平方米。

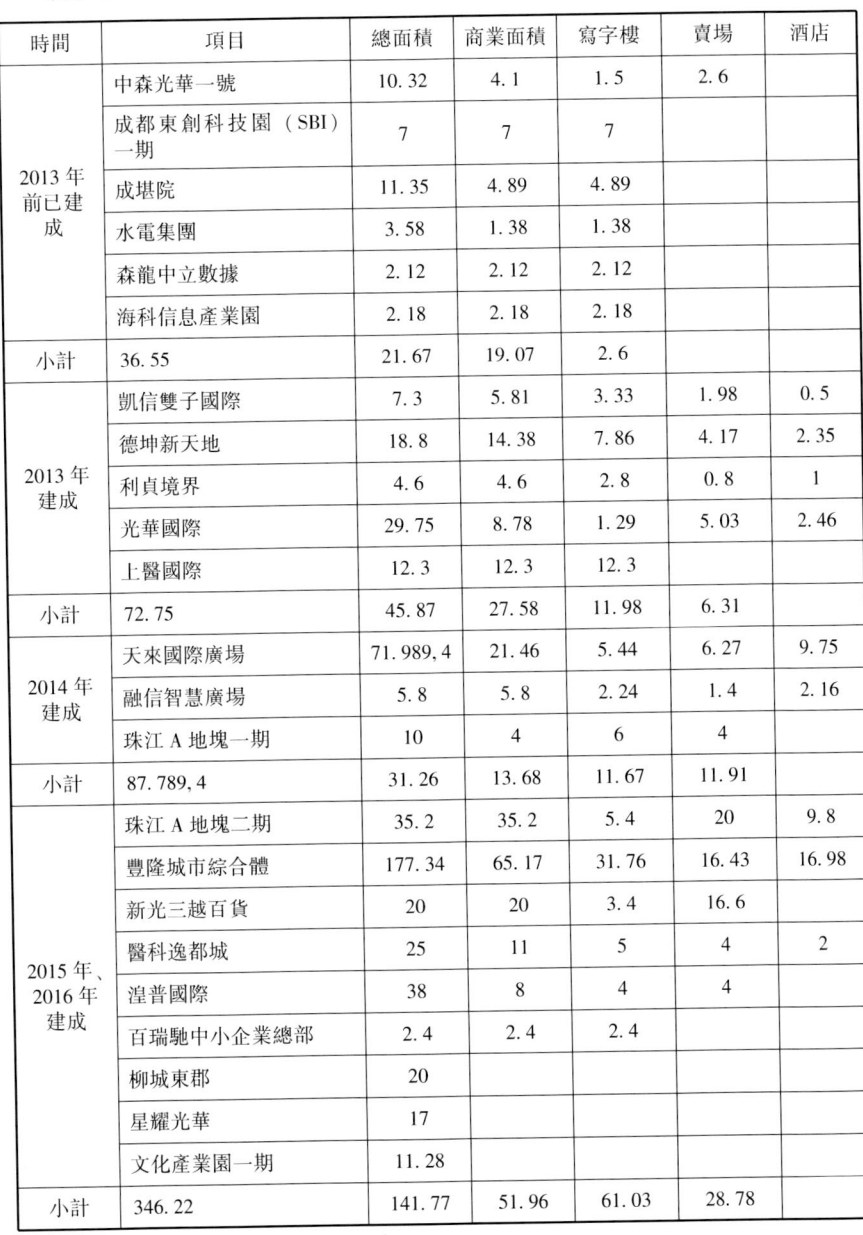

表 5-1　　　　2013—2016 年商務樓宇基本情況　　單位：萬平方米

時間	項目	總面積	商業面積	寫字樓	賣場	酒店
2013 年前已建成	中森光華一號	10.32	4.1	1.5	2.6	
	成都東創科技園（SBI）一期	7	7	7		
	成堪院	11.35	4.89	4.89		
	水電集團	3.58	1.38	1.38		
	森龍中立數據	2.12	2.12	2.12		
	海科信息產業園	2.18	2.18	2.18		
小計		36.55	21.67	19.07	2.6	
2013 年建成	凱信雙子國際	7.3	5.81	3.33	1.98	0.5
	德坤新天地	18.8	14.38	7.86	4.17	2.35
	利貞境界	4.6	4.6	2.8	0.8	1
	光華國際	29.75	8.78	1.29	5.03	2.46
	上醫國際	12.3	12.3	12.3		
小計		72.75	45.87	27.58	11.98	6.31
2014 年建成	天來國際廣場	71.989,4	21.46	5.44	6.27	9.75
	融信智慧廣場	5.8	5.8	2.24	1.4	2.16
	珠江 A 地塊一期	10	4	6	4	
小計		87.789,4	31.26	13.68	11.67	11.91
2015 年、2016 年建成	珠江 A 地塊二期	35.2	35.2	5.4	20	9.8
	豐隆城市綜合體	177.34	65.17	31.76	16.43	16.98
	新光三越百貨	20	20	3.4	16.6	
	醫科逸都城	25	11	5	4	2
	湟普國際	38	8	4	4	
	百瑞馳中小企業總部	2.4	2.4	2.4		
	柳城東郡	20				
	星耀光華	17				
	文化產業園一期	11.28				
小計		346.22	141.77	51.96	61.03	28.78

表5-1(續)

時間	項目	總面積	商業面積	寫字樓	賣場	酒店
擬建和簽約項目	汽車博覽中心：	62.3	61.4	10.9	30.7	20.5
	「星耀光華」城市綜合體：	17				
	居然之家購物中心：	42	17	10.09	7.2	
	軟通集團：	45	45	40	5	
	鳳凰天街綜合體：	4.5				
	太極生活廣場：	3.61				
	恒基集團總部基地：	3.45	3.45	2.25	1.2	
小計	177.86	126.85	63.24	44.1	20.5	
西部金融中心項目：規劃中，不詳						
德昆智慧城市項目：規劃中，不詳						
海天永信總部基地：規劃中，具體不詳						
金強總部大廈項目：規劃中，具體不詳						
海科廣場城市綜合體：規劃中，不詳						
廣州來匯集團總部項目：規劃中，具體不詳						

(二) 人均樓宇面積增速較大

2013年溫江區人均商業樓宇面積1.76平方米，若當前樓宇如期完成，2016年溫江區商業樓宇面積將達到240.57萬平方米，人均商業樓宇面積約為6.27平方米，三年之內人均商業樓宇面積增加2.5倍。根據房地產專家蔡為民的測算，一個發達的城市，人均商業樓宇面積大約是1.6平方米。據調查，2013年上海市人均商業樓宇面積為2.9平方米，已經出現過剩現象。相比之下目前溫江區建成的樓宇面積還沒有出現明顯過剩，但是三年之後樓宇面積將會出現過剩現象。

(三) 樓宇經濟初步形成產業佈局

目前，溫江圍繞「宜業宜居宜遊的國際化衛星城」的定位，規劃了科技園、現代服務業園區、生態旅遊區三大區域，如圖5-1所示。在三大區域主要發展電子信息、生物製藥、食品飲料、現代商務、高端商貿、醫療健康、公共服務、居住、休憩與交通、現代農業和生態旅遊等相關產業，該區域的功能主要定位為總部辦公、商務居住、超市賣場、酒店旅遊、產業園區商務配套以及城市綜合體等。這些定位、戰略部署和園區科學規劃為溫江樓宇經濟發展指明了方向，增強了溫江區產業發展後勁。

圖1 溫江區經濟區分布

生態旅遊區
溫郫大道
成溫邛高速
現代服務業園區
連寶路
圖例
三區
科技園預留區

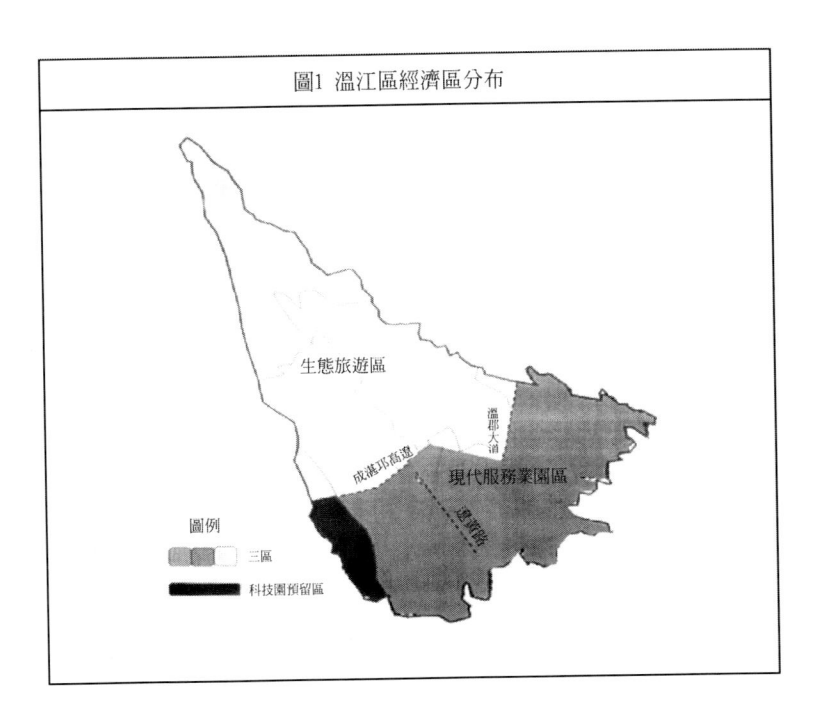

圖 5-1　　溫江區經濟區分佈

二、溫江區樓宇經濟發展的優勢

(一) 發展樓宇經濟的基礎條件具有優勢

與成都市二圈層區縣相比，如表 5-2 所示，溫江區人均生產總值排第二，第三產業占地區生產總值的比重排第一，人均第三產業總值排第一，這些數據說明溫江區樓宇經濟發展具有經濟發展基礎和產業基礎優勢。

表 5-2　　　　　2012 年成都市二圈層區縣經濟發展對比

	地區生產總值（萬元）	人均生產總值（元）	第三產業生產總值（萬元）	第三產業占地區生產總值的比重	人均第三產業生產總值（元）
溫江區	3,023,492	78,889	1,263,291	42%	32,962
雙流區	6,790,674	70,737	2,874,225	42%	29,940
郫都區	3,255,925	62,773	1,100,629	34%	21,220
龍泉區	6,314,031	104,577	1,208,226	19%	20,011
青白江區	2,763,777	66,848	572,390	21%	13,845
新都區	4,560,464	65,478	1,422,592	31%	20,425

（二）與樓宇經濟相關的部分行業具有優勢

根據表 5-3，2012 年溫江區在成都市區位熵高於 1 的有住宿和餐飲業、房地產業、文化體育和娛樂業、公共管理和社會組織、教育、水利、環境和公共設施管理業、居民服務和其他服務業，這些行業在成都市具有比較優勢。另外對比 2011 年和 2012 年的區位熵值變化，租賃和商務服務業在成都市的地位上升較快，逐漸具有一定優勢，說明溫江區樓宇經濟已經蓄勢待發。

表 5-3　　　　　　　　溫江區服務業部分行業區位熵

服務業內部行業	2012 年溫江行業增加值（億元）	2012 年成都行業增加值（億元）	2012 年區位熵	2011 年區位熵
批發和零售業	15.67	653.1	0.65	0.77
住宿和餐飲業	12.69	279.3	1.22	1.51
房地產業	17.05	426.2	1.08	1.25
文化、體育和娛樂業	5.34	140.9	1.02	1.25
交通運輸、倉儲和郵政業	9.15	361	0.68	0.82
金融業	18.54	740.6	0.67	0.73
租賃和商務服務業	7.27	238.2	0.82	0.67
信息、計算機服務和軟件業	4.34	300.6	0.39	0.47
科學研究、技術服務和地質勘察業	1.99	216.5	0.25	0.35
公共管理和社會組織	11.21	197.7	1.53	1.97
教育	10.51	209.5	1.35	1.66
居民服務和其他服務業	7.78	127.1	1.65	2.03
衛生、社會保障和社會福利業	4.02	116.3	0.93	1.14
水利、環境和公共設施管理業	0.71	18.2	1.05	1.44

註：區位熵大於 1，說明該行業專業化發展程度較高，在成都市具有較強競爭力。

（三）溫江區具有發展生態旅遊文化的資源優勢

首先，溫江全境屬岷江衝積平原，無山無丘，氣候溫和，是四川乃至西部

花木主產區，先後榮獲「全球生態恢復和環境保護傑出成就獎」「國際花園城市」、全國首個「中國人居環境金牌建設試點區」、全國現代服務業綜合改革試點區、國家休閒農業與鄉村旅遊示範區、四川省生產性服務業示範基地、中西部首個「國家生態區」以及「中國傑出綠色生態城市」稱號等多項桂冠，具有較高的城市美譽度。其次，溫江區具有歷史文化資源優勢。溫江是古蜀魚鳧王國的發祥地，與三星堆、金沙遺址構成古蜀國文明。最後，2002年溫江撤縣設區，成為成都市中心城區的重要組成部分，是成都市西部副中心和西向交通主樞紐，是成都市城市總體規劃確定的衛星城之一。

三、溫江區樓宇經濟發展的比較劣勢和瓶頸

（一）溫江區樓宇經濟發展的比較劣勢

溫江區樓宇經濟還處於初級發展階段。溫江樓宇經濟初級發展特徵表現如下：

1. 樓宇入駐還處於招商階段

如表4所示，錦江區商務商業樓宇平均入駐率達89.52%，而溫江區樓宇由於處於招商階段入駐率相對較低，中森光華一號入駐率為70%，凱信雙子國際入駐率為50%，利貞境界入駐率為25%，德坤新天地入駐率為50%，上醫國際廣場入駐率為6%，其他樓宇還沒有入駐。

2. 樓宇經濟稅收效應低

主城區的樓宇經濟由於發展更成熟一些，所以稅收效應逐步凸顯，而溫江區稅收過億的樓宇幾乎沒有，樓宇經濟對稅收貢獻有限。如表5-4所示。

表5-4　　　　成都市錦江區和成華區樓宇經濟入住情況

	樓宇規模	樓宇入駐情況	實現稅收
錦江區	共有商務商業樓宇148棟，商業總面積572萬平方米。其中，5,000平方米以上的重點樓宇77棟，面積466萬平方米。甲級寫字樓12棟，面積125萬平方米，分別占全市甲級寫字樓總數和面積的43%、45%，總量和規模位居全市第一	2012年，全區重點樓宇平均入駐率為90.37%；重點樓宇平均註冊率為66.72%；平均空置率為25%左右	2012年重點樓宇共有77棟，實現稅收29.56億元，樓宇稅收占全區稅收總額的35.73%；重點樓宇單位面積稅收1,853元/平方米；稅收1,000萬元以上樓宇35棟，其中1億元樓宇10棟，5,000萬元樓宇5棟，3,000萬元樓宇9棟

表5-4(續)

	樓宇規模	樓宇入駐情況	實現稅收
成華區	在建樓宇有信遠「太陽公元」、協信中心、萬科鑽石廣場等項目19個，實施「招商一批」樓宇共13棟，「培育一批」樓宇現有15棟，商務樓宇項目未來規劃6個	實施「招商一批」樓宇共13棟，入駐企業共計750餘家。其中5棟樓宇入駐率達到100%，其他樓宇閒置面積共計11萬平方米。全區3座甲級寫字樓高地中心、財富又一城寫字樓、華潤大廈入駐率分別達到90%、70%、21%	2011年樓宇總稅收為10.6億元，2012年樓宇稅收共13.2億元。2012年新增稅收過億元樓宇——浦發銀行總部樓
溫江區	共有商業樓宇30棟，商業總面積67.54萬平方米。其中，在建樓宇12棟，商業總面積173萬平方米	溫江區樓宇由於處於招商階段，入駐率相對較低，中森光華一號入駐率為70%，凱信雙子國際入駐率為50%，利貞境界入駐率為25%，德坤新天地入駐率為50%，上醫國際廣場入駐率為6%，其他樓宇還沒有入駐	溫江區稅收過億的樓宇幾乎沒有，樓宇經濟對稅收貢獻有限

3. 工業集中區產業聚集度不高

如表5-5所示，成都市一圈層和二圈層的區縣的工業集中區的產業聚集度明顯高於溫江區。產業聚集度指標說明溫江區工業樓宇專業化程度不高，影響工業產業集群發展。

表5-5 2012年一、二圈層工業集中發展區產業情況及用地規劃面積

工業集中區名稱	重點支持產業	產業聚集度(%)	規劃總面積(平方千米)	建成項目面積(平方千米)
成都高新技術產業開發區	電子信息、生物醫藥製造業及相關生產性服務業	86.07	33.30	11.78
青羊工業集中發展區	航空製造和工業總部經濟	83.17	2.40	1.75
武侯工業集中發展區	工業總部經濟	66.88	6.10	2.01
金牛工業集中發展區	軌道交通製造和工業總部經濟	56.99	7.70	2.09

表5-5(續)

工業集中區名稱	重點支持產業	產業聚集度（%）	規劃總面積（平方千米）	建成項目面積（平方千米）
錦江工業集中發展區	工業總部經濟	65.00	1.20	0.49
成華工業集中發展區	工業總部經濟	33.72	8.10	2.63
成都經濟技術開發區（龍泉）	汽車和工程機械製造業及相關的配套生產線服務業	73.90	47.30	12.10
溫江工業集中發展區	電子通信設備製造業及相關的配套生產性服務業	15.87	18.55	8.60
青白江工業集中發展區	冶金建材製造業及相關的配套生產性服務業	80.59	23.30	10.84
新都工業集中發展區	機電裝備製造業及相關的配套生產性服務業	77.98	16.70	7.84
雙流工業集中發展區	新能源裝備製造業及相關的配套生產性服務業	40.45	31.30	9.67
郫都區工業集中發展區	電子電氣設備製造業及相關的配套生產性服務業	35.46	10.60	6.54

4. 高端樓宇租金不高

如表5-6所示，截至2012年底，錦江區商務樓宇（包括賣場、酒店和寫字樓，下同）市場平均租金100元人民幣/平方米/月左右；北京中心城區商務樓宇平均租金238元/平方米/月左右；上海中心城區商務樓宇平均租金227元/平方米/月左右。溫江區樓宇的租金較低，樓宇底層商鋪租金在100元/平方米/月，寫字樓平均租金在40~50元/平方米/月左右。

表5-6　　　　　　　各地區的商業樓宇租金

	租金（元/平方米/月）
錦江區	100
上海中心城區	227

表5-6(續)

	租金（元/平方米/月）
北京中心城區	238
溫江區	40~50（寫字樓）

5. 樓宇國際化不足

從樓宇經濟角度看，溫江區與「國際化」衛星城還有一定差距，參看表5-7。第一，對於綜合體的樓宇項目，寫字樓入駐企業沒有統一風格，難以形成國際化樓宇品牌。第二，物業管理服務不足，樓宇配套服務設施和項目沒有體現國際化，具體表現為配套設施的服務對象定位不清晰。第三，包括住宅、寫字樓、賣場、酒店的樓宇項目沒有核心社區文化，成功的國際化高端樓宇項目大都具有獨特的宜居宜業的文化，溫江區的商業樓宇在軟件的建設上重視不夠，參考表5-7。上述內容可以從表5-8中錦江仁恒置地廣場和溫江德昆新天地的個案比較中看出。

表5-7　　　　　　　　國際商務樓宇的一般標準

樓宇品質	建築質量達到或超過有關建築條例或規範的要求；建築物具有靈活的平面佈局和高使用率，達到70%的使用率；樓層面積大，大堂和走道寬敞，從墊高地板到懸掛頂棚的淨高度不少於2.6米
裝飾標準	外立面採用高檔次的國際化外裝修如大理石外牆和玻璃幕牆，採用進口高標準的大理石、鋁板、玻璃幕牆等材料；有寬敞的大理石大堂和走廊；公共部分的地面應為大理石、花崗岩、高級地磚或鋪高級地毯，牆面應為大理石或高級牆紙或高級漆，應有吊頂，電梯間應為不鏽鋼、大理石；衛生間安置名牌潔具
配套設施	應有配套商務、生活設施，如會議室、郵局、銀行、票務中心、員工餐廳等，專用地上、地下停車場，停車位充足，滿足日常生活的商店，適合商務會餐的飯店，賓館，午間放鬆或娛樂設施，其他如公園、運動設施和圖書館
電梯系統	良好的電梯系統，電梯設施先進並對乘客和商品進行分區
設備標準	應有名牌中央空調，中央空調系統高效；有樓宇自控；有安全報警；有綜合布線
建築規模	超過50,000平方米
客戶進駐	國外知名公司的租戶組合；知名的跨國、國內外大公司、財團

表5-7(續)

物業服務	由經驗豐富且一流的知名品牌公司管理，配備實用的計算機物業管理軟件，實現辦公物業管理計算機化，建立辦公管理信息系統，並辦公物業各系統實現連通和統一的管理，24小時的維護維修及保安服務
交通便利	地段具有極佳的可接近性，臨近兩條以上的主幹道。有多種交通工具和地鐵直達
所屬區位	位於主要商務區的核心區
智能化	3A~5A（國家建設部對住宅的性能評定等級）
開發商的背景	經驗豐富並且資金雄厚。在項目開發的早期年份具有財務彈性，並且具有豐富的大規模房地產投資經驗，這些開發商是海外公司如來自美國、馬來西亞、韓國，或者有海外經營成功經驗的優質國有企業

（此標準來自無錫房產交易網）

表 5-8　　　　　　　　　　**樓宇個案比較**

比較項目	錦江仁恒置地廣場	溫江德昆新天地
市場定位	奢侈品牌賣場和總部經濟	賣場和商業樓宇
開發商	新加坡仁恒集團	德昆實業（溫江）
物業公司	新加坡仁恒集團	德昆實業（溫江）
交付樓宇建築特點	高端精裝修國際樓宇	毛坯樓宇
樓宇開發模式	多元化國際社區開發模式：強調技術可以複製，用心無法模仿	住宅加商舖開發模式
樓宇裝修	樓宇建造時建造圖紙和裝修圖紙同時完成，形成一體化設計模式	毛坯房交付後業主裝修模式
物業服務	人性化的服務：包括出租車代叫、行李車設立、房間鑰匙託管、外協服務導入、保密安全等	基本樓宇服務：保安、設施維護等
社區文化載體	以仁恒會為文化載體的俱樂部	根據入駐企業而定
地理位置	城市商業中心	城市商圈的中心
交通	主道一側	主道一側

（二）未來溫江區樓宇經濟發展面臨的瓶頸

1. 單一樓宇內企業發展關聯度小

據調查，溫江區現代服務業園區和科技產業園區的樓宇在後期招商時沒有注重入駐企業產業相關性，缺乏「早期招商定位、中期引入把關和後期調整」的系統性引導，光華片區的商業樓宇以房地產商為主要營運商，而不是專業的物業管理營運公司，房地產企業的結構性缺陷使之難以成為樓宇經濟物業營運主體。根據國內外經驗，樓宇經濟要達到產業聚集效應，單一樓宇入駐企業用於單一產業經營使用的面積不應少於已使用建築面積的三分之二，而從溫江區的商務樓宇情況來看，住宅房地產的開發商主導的後續服務缺失使得單一樓宇內產業關聯度較小。

2. 樓宇經濟的政策扶持力度還有待加強

溫江區的樓宇經濟的政策扶持力度相對於蘇州等全國樓宇經濟發展水準較高地區還有待加強。比較而言，雖然溫江區的扶持力度不小，但是政策側重點放在鼓勵「企業入駐」，而不是鼓勵「大中型優秀企業入駐」，這不利於樓宇經濟質量的提升。

3. 基礎設施配套不完善

發展樓宇經濟基礎配套是水電、交通等硬件條件，而這些成為削弱溫江資源環境優勢的因素。第一，溫江區的商業用電已經掣肘了樓宇經濟的發展，部分企業由於電力問題出現搬遷現象，隨著變電站的建設這種情況有所改善。第二，溫江區的公共交通條件相對落後，區內聯通主城區和溫江老城區的公交車數量偏少，不利於光華片區成為商業中心。除此之外，溫江區內社區公交車供給量也不足，不利於啟動區域內居民消費。第三，部分細節問題影響基礎設施配套對樓宇經濟的支撐，如德昆新天地和珠江新城的商業樓宇的停車場和光華大道連接通道被綠化帶阻斷，直接影響賣場商戶入駐。

4. 產業發展人才匱乏

與其他區縣比較，溫江區勞動生產率較低，原因是缺乏熟練勞動者，這嚴重影響溫江的產業升級和集聚發展，如表5-9所示。造成這種現象的原因是溫江區的生活成本較高，如表5-10所示，溫江區基礎教育（小學）相對落後，這增加了區內就業的年輕父母的子女教育成本，不利於吸引青年才俊，而醫療衛生等公共服務的優勢對老年人群居住更有吸引力。

表 5-9　　　　　　　　2012 年二圈層區縣勞動生產率對比

	勞動生產率（元/人）
溫江區	205,761
龍泉驛區	490,217
青白江區	231,217
郫都區	382,716
金堂縣	244,439
雙流區	330,749

表 5-10　　2012 年各區與樓宇經濟密切相關的公共服務配套比較

	溫江	雙流	郫都區	龍泉	新都	青白江
每人移動電話用戶數（部）	1.92	1.15	0.95	0.99	1.70	1.00
每人電話用戶數（部）	0.35	0.26	0.32	0.20	0.25	0.20
每萬人普通中學學校（所）	0.39	0.42	0.83	0.30	0.56	0.36
每萬人中學專任教師（人）	42.14	45.43	43.73	40.58	37.76	39.03
每萬人普通小學學校（所）	0.23	0.34	0.25	0.61	0.43	0.24
每萬人小學專任教師（人）	32.17	33.31	32.18	38.64	35.28	27.16
每萬人衛生機構（個）	7.38	4.56	7.71	4.39	3.36	5.66
每萬人醫療機構床位數（張）	102.20	46.25	62.43	57.51	57.60	53.38
每萬人衛生技術人員（人）	103.22	61.90	81.03	69.07	62.24	54.16

6 文化產業發展路徑一：支持體系建設

當前中國正處於經濟轉型升級的關鍵時期，文化產業發展的市場條件不如發達國家和地區。在這種條件下，中國文化產業要形成競爭優勢並且成為支柱性產業，首先要完善文化產業支持體系，這是發揮文化產業個性特徵的重要保障，具體而言包括資本市場、人才市場、文化、配套基礎設施四個方面的建設。

6.1 資本市場建設

中國文化產業嚴重依賴生態資源，這種資源密集型特徵導致文化產業資金週轉週期較長，為了獲得充足的資金保障，必須建立與文化產業自身發展相適應的資本支持體系，這是文化產業發展的前提。目前中國文化產業開發主要還是靠政府投入，但是政府用於文化產業發展的市場資本有限，財政稅收政策不完善，投資渠道還比較單一，企業普遍處於單打獨鬥、各自為政的階段，民營資本進入文化產業積極度不高，文化產業投融資的相關法律法規還不完善。因此，為使文化產業快速發展，中國必須要積極拓展融資渠道，多方吸納社會資本，逐步完善文化產業資本支持體系。因此，中國應提倡社會對文化產業的捐贈，完善文化產業資本籌集的稅收政策，引導民營資本投資文化產業，規範文化產業發展的法律法規，以保證文化產業健康、持久的發展。

6.1.1 文化產業資本支持體系的目標設定

1. 為自主創新提供資本保障

為文化產業的自主創新提供充足的資本保障是一個有效的文化產業資本支持體系的首要目標。創新是要素的組合方式發生變化，這個變化的設計者是

人，而人做這種組合設計的物質動力是收入，因此資金就成為創新的核心要素，而文化產業的可持續發展的基礎是創新，所以創新資金保障是推動文化產業發展的前提。

2. 文化產業發展融入國家戰略

當前中國「一帶一路」建設和藏羌彝文化走廊發展規劃為文化產業發展融入國家戰略提供契機。在「一帶一路」和藏羌彝文化走廊的建設過程中，文化產業發展屬於前置發展戰略，一方面可以建立共識，清除國際間戰略誤解和國內民族隔閡，減少摩擦或衝突，另一方面，文化產業作為一個新興業態，也可以豐富、壯大「一帶一路」的倡議內涵與藏羌彝文化走廊的經濟規模。從戰略資本的角度來看，資本是「一帶一路」和藏羌彝文化走廊文化產業發展的核心動力，是「一帶一路」與藏羌彝文化走廊地域空間各種要素集聚的重要力量，可以將其融入國家戰略，吸引各方資金推動中國文化產業發展。

3. 促進文化產業成為地區支柱性產業

事實上，文化旅遊產業已經成為國民經濟中除了農業外的重要產業之一，但是成為各地區支柱性產業還有距離，資本支持目標主要從兩方面著手：一方面是從規模上支持，文化產業的產業鏈條短，產業形式單一，沒有形成明顯的規模化經營；另一方面從發展手段上支持，文化產業注重原生態，這是比較優勢也是比較劣勢，劣勢在於原生態的文化產業過度依賴於原生態的資源，科技技術應用範圍不廣，相關產業帶動性不強，難以成為地區財政的支柱性產業。通過扶持大規模的文化企業或文化項目，利用資本推動技術創新和市場推廣等多元化發展手段應用，從而促進文化產業成為支柱性產業。

6.1.2 文化產業資本支持體系基本原則

1. 項目戰略管理原則

構建文化產業的資本支持體系要以項目為出發點，堅持戰略管理原則，把影響企業發展的各種政策、週期因素、稅收支持、同業競爭等因素都考慮進來，並結合文化產業的個性特徵建立起推動文化產業成為支柱性產業的資本支持體系。

2. 市場優化配置原則

資本支持體系能否有效推動文化產業發展，關鍵是看該體系是否符合市場發展規律。資本要素要按照市場機制配置，才能最大化資本效率。在現代市場

經濟條件下，要建設資本要素流動的機制和平臺，加速資本在供給者和需求者之間的流動。

3. 堅持效益原則

這裡的效益包括社會效益和經濟效益。因此資本支持體系中要包括非盈利性資本和盈利性資本。在市場經濟條件下，要培育文化產業發展能力就必須考慮在風險收益條件下優化資本配置。要建立對社會效益和經濟效益考核的機制，需要在構建資本支持體系推動文化產業發展的同時，把風險和收益結合起來，增強體系構建的實用性。

6.1.3 文化產業資本支持體系的內容

1. 中央與地方政府對文化產業支持體系的投入

財政支出是文化產業的重要資金來源，政府投資的增加與減少直接關係到文化產業的起步與發展。文化產業尤其是部分創意文化產業屬於高風險投資產業，前期啟動投資要依賴政府投入，因此，文化產業資本支持體系的內容中首先要加強政府投入。從表6-1、表6-2可以看出中國政府在文化產業方面的資助項目。2010年、2012年文化部的公共預算支出表顯示，文化部用於文化體育與傳媒支出的比例分別占其總預算支出的86.29%和78.35%，而相應的科學技術支出比重為5.94%和6.05%，這是由於政府投入主要是以大型國有企業為載體進行項目投資，而此類企業主要是文化體育與傳媒企業，高新技術企業較少。通過調研部分地區的宣傳部，發現這種情況普遍存在。因此，政府投入除了外交、文化體育與傳媒、社會保障與就業、住房保障等方面，還應該重點加強與文化產業相關的科學技術投入，促進文化產業轉型升級成為支柱性產業。

表6-1　　　　　文化部2010年預算的各項支出表　　　　單位：萬元

支出項目	金額	該項支出財政撥款占當年財政支出的比例（%）
外交支出	8,218.21	3.22
科學技術支出	15,136.19	5.94
文化體育與傳媒支出	220,072.49	86.29
社會保障與就業支出	4,220.94	1.67
住房保障支出	7,379	2.88

表 6-2　　　　　　　文化部 2012 年預算的各項支出表　　　　單位：萬元

支出項目	金額	該項支出財政撥款佔當年財政支出的比例（%）
外交支出	41,106.73	11.24
科學技術支出	22,130.84	6.05
文化體育與傳媒支出	286,634.24	78.35
社會保障與就業支出	4,899.04	1.34
住房保障支出	11,050	3.02

數據來源：各年《公共預算財政撥款支出表》。

2. 文化產業的稅收優惠支持

在文化產業發展初期，政府應給予政策傾斜和扶持，尤其是財政稅收方面的傾斜和扶持。政府可以制定文化創意產業專項資金，包括各種創意投資、文化創新等基金項目，主要用於對重點文化產業園區的建設和重點文化企業的發展。同時可以參照國家對高新技術企業的幫扶政策，通過對認定的文化創意類企業給予財政補貼，並通過稅收減免、差別稅收、出口退稅等優惠政策鼓勵相關企業的發展，這有利於文化產業將本就有限的資本運用到自主創新和市場開拓上來，為文化產業的發展提供寬鬆的發展環境。

3. 文化產業的投融資渠道建設

隨著中國現代市場經濟的發展，資本市場正逐步走向成熟。儘管中國文化產業在發展模式、融資方式上和其他產業存在很大差異，但文化產業要通過市場機制實現自身發展，就必須拓展特有的投融資渠道。

一方面要著手消除投融資渠道的障礙。建立風險分擔機制、文化產業投資風險基金，制定無形資產評估質押貸款等辦法，全方位、多渠道地加大對文化產業的扶持。政府要鼓勵民營資本投入文化產業，要消除民營資本進入民族文化產業准入領域的不合理門檻，逐步取消「轉企」的國有文化事業單位所享受的特殊政策保護和壟斷地位，實現市場主體間的公平競爭，拓寬文化產業投融資渠道。

另一方面要拓寬投融資渠道。政府要創造有利條件，將以往民營資本對文化產業的贊助行為轉變為投資行為，積極培育民族文化產業的戰略投資者。政府在財政資金投入方面，要科學有效地利用財政對文化產業的資金支持，發揮財政資金對文化產業的槓桿調節機制，逐步確立和完善文化事業領域的投融資機制。積極借鑑東部發達地區先進的投融資方式，如建立可貸資金貼息、創意產業投融資網絡服務平臺等，通過文化產權交易市場試點，逐步確立各地區文

化產權交易中心，積極吸納文化產業投資基金，健全以文化投資擔保公司為首的投融資服務機構，完善版權、創意等文化無形資產的評估服務，推進文化創新型企業、文化創意成果等內涵型文化資源與市場資本的有機結合，從而提高文化市場資本利用效率，降低市場資本的系統性風險。

4. 培育文化產業鏈

從資本投入方向來看，有關主體要有針對性地扶植社會效益和經濟效益較好、具有較大發展潛力的文化企業，通過政策優惠、資金扶植等途徑，培育相關文化行業的龍頭企業，從而帶動關聯企業發展，形成產業鏈發展模式。從企業角度來看，政府要提供平臺和政策支持，鼓勵民族文化企業通過併購、聯營、股份化營運、組建集團公司等模式，實現優勢聯合與互補，快速形成民族文化產業集群。

6.2 人才建設

人才要素是文化產業發展的核心要素，人才市場的建設是推動文化產業發展的主要方向。當前，中國文化產業人才存在數量少、大師缺、類別單一、分佈不均衡等問題。教育落後、人才素質低下是制約文化產業發展的重要因素。因此，制定科學有效的人才激勵政策，構建科學選人、用人機制，是吸納文化產業人才的重要保證，也是加快形成文化產業人才優勢的前提條件。

6.2.1 文化產業人才支持體系的總體目標

文化產業是文化、金融、科技等行業交融的知識密集型產業。文化產業包括了從創意產生、尋找物質化載體、最終形成產品到推向市場的過程，而人才是各個環節的核心要素。文化產業人才建設的主要包括以下目標：

1. 厚德載物，提升質量

「厚德載物」是文化產業人才所具有的基本品格，這是因為文化人才在文化產業中的作用不僅是發展產業、創造財富，更為重要的是傳播先進文化、弘揚主流價值與促進文化繁榮。這是文化產業經濟效益和社會效益的雙重特徵決定的。文化產業人才需要德才兼備，這是文化產業選才、用才的標準和目標。

2. 做大數量，合理結構

「做大數量，合理結構」是文化產業可持續發展的要求，是關於人才結構

和數量的基本目標。當前，中國文化產業人才的數量嚴重不足，只有數量達到一定規模，文化產業才能從量變到質變，從而提升整體水準。同時，中國文化產業人才的知識、專業結構和發達國家與地區還有差距，如中國藝術人才主要集中在原生態文化方面，這不利於文化產業作為支柱性產業帶動其他產業發展，也不利於文化產業集群式發展。按照《全國宣傳思想文化中長期人才發展規劃（2010—2020年）》的要求，到2020年，中國人才資源總量要大幅增長，不僅要具有大量高層次哲學、社會科學、新聞出版、文化藝術等人才，還要儲備文化產業管理人才、公共文化人才、新業態新媒體人才等，從而為文化產業發展提供智力支撐和人才保證。

6.2.2　建設文化產業人才支持體系的內容

1. 更新人才觀念，強化文化產業人才建設頂層設計

第一，建立完善的知識產權保護制度，並嚴格實施知識產權保護制度，保護創新勞動的權益，這樣才能提高文化產業人才的積極性。第二，要加強培育創意階層的平臺建設，當代社會是知識、創意和人力資本替代傳統要素的時代，因此，創意階層培育將是一個地區提高競爭力的主要路徑。第三，建立促進創新人才製作原創產品的支持機制。原創IP（知識產權）成為當前文化產業發展的重要方向。2015年總共有20多部電影是IP改編上映，獲得80億元左右的票房，而原創IP的關鍵是創新人才，因此要多途徑支持原創者創作。

2. 創新引才機制，形成文化產業人才強磁場

文化產業人才的引進是文化創意產業發展的重要動力，各級政府應運用好政策導向，制定引導性的人才引進政策，對文化產業引進的國內外優秀文化產業人才給予經費等方面的支持，以吸引各類創意人才。

第一，要用待遇吸引高級人才。根據國家統計局數據，2014—2015年中國的從業人員平均工資達到10.08萬元。其中，創意設計業的平均工資最低，為6.54萬元，藝術與工藝品業工資最高，達到12.7萬元，遠高於文化產業人才的工資。中國文化產業缺乏領軍人物，也沒有資金實力大規模地引進各種文化產業人才，因此文化產業需要用有限的資金來引進高級人才。例如，東部地區的文化產業要吸引高級人才，就要用遠高於東部地區其他產業的待遇，具體而言應該給予優於東部地區其他產業的優惠條件，如創業支持資金、技術支持資金、養老、住房、子女就業等方面。

第二，用環境吸引文化產業專業人才。吸引人才的環境包括生活環境和工作環境。在生活環境方面，要給予文化產業專業人才醫療衛生方面的便利條件，制定符合政策的住房補貼資助政策，給予相關人才子女上學的優惠條件，在交通出行方面給予補貼等，要讓人才安家立命。在工作環境方面，要加強文化產業園區的建設，如更新用電設備、完善網絡設施、修建辦公樓宇等，在工作環境建設上體現後發優勢。

第三，加強經紀仲介隊伍的建設。術業有專攻，經紀仲介對文化產業化具有其他產業不可比擬的作用。一定數量的文化產業高級人才是優秀的經紀仲介培養和包裝出來的，如優秀演員、藝術家等。要加強仲介隊伍的培訓，解決仲介隊伍良莠不齊的現狀，同時要建立專業平臺對接仲介人才和文化產業專業人才。建立經紀仲介隊伍審核機制，對經紀仲介進行定期審核，建立相關評審制度，評定經紀仲介等級，從而規範經紀仲介市場。

3. 健全育才體系，構築文化產業人才高地

文化產業育才體系的建設包括兩個方面，一方面是育才主體的培育，另一方面是受眾主體的培育。

第一，關於文化產業育才主體的培育要多元化育才主體。加強對人才的培育，需要鼓勵高等院校、研究機構、培訓機構、企業、個體、政府等文化主體參與到文化產業人才的培訓中來。其中，高等院校和研究機構主要培育優秀的專業人才，培訓機構和企業主要為文化產業提供人力資本要素（專業人才加上社會培訓和工作經驗構成了文化產業發展的人力資本要素）。上述的多元化育才主體合力可以加速人力資本的形成，從而加速文化產業規模的擴大。

第二，關於受眾主體的培育方面，首先，要建立人才孵化平臺，建立文化產業人才培訓中心，幫助高校剛畢業的學生進入文化產業領域；其次，要設定個性化培育機制，由於文化產業是基於非定制的文化創意而提供的產品，因此多樣化是文化產業基本特徵，所需要的人才也是非定制的人才；再次，建立文化產業人才儲備機構，對中青年人才進行儲備，並且為之制定可持續就業規劃，解決人才的供需矛盾。

6.3 文化建設

文化產業發展的基本功能之一就是推動文化建設和發展，反之，文化進步

也大大推動文化產業發展，二者是互相推進關係。文化建設包括宏觀社會主體的文化建設和微觀社會主體的文化建設，前者主要從價值觀和文化內容角度進行建設，後者主要是從社會微觀主體的文化修養角度進行建設。這兩方面都切實地影響文化產業的發展，文化建設是文化產業發展的有效路徑之一。

6.3.1 通過文化建設掌舵文化產業方向

文化建設和文化產業發展具有內在的聯繫，文化建設是文化產業發展的基礎，它為文化產業發展提供了條件。從宏觀角度分析，文化建設推動文化產業發展要從以下幾方面著手。

1. 獨立的文化建設賦予文化產業價值觀

文化產業的發展可以大大提高全社會的文化水準，這是文化產業的社會效益，當然，低級的文化產業也會造成社會文明的惡化，因此，文化產業的發展對社會文化水準的影響是一把雙刃劍，需要通過文化建設來為提供發展方向，從而為社會文化的發展提供正向影響。二戰以來，西方各國基於資本主義基本價值觀大力發展文化產業，加速了「拜金主義」等惡俗文化的傳播和認同，同時利用高科技技術規模化文化產品的生產，忽視內容生產和文化內容正能量的形成，讓工具理性成為各個行業的準則，這其實是文明的後退。由此可見，文化產業的發展過程必然要有獨立的文化建設，要通過文化建設來發展文化產業高尚的價值觀，發揮文化產業社會效益，提高社會文化水準。

2. 利用文化建設影響文化產業結構的升級方向

文化產業發展的層次受制於社會文明程度的差異，最早的文化產業是原生態的表演藝術和工藝等形式，是表達人類對自然界真善美的初步認識。隨著人類知識水準和認識水準的提高，文化產業層次越來越複雜，人類的表達也逐步抽象化，如西方古典藝術向現代藝術的演進；隨著發展層次的提高，文化產業的發展會越來越脫離「真實」和物質層次。文化建設有利於文化產業的進化，讓人類的需求更多地從物質層次上升到精神層次。當前中國新興行業中，與虛擬現實相關的文化行業的出現，就是文化產業結構升級的表現，如西安的大雁塔就是用虛擬現實技術展現了古絲綢之路的相關文化，讓人如同身臨其境。因此可以預見，隨著人類非物質需求的增加，文化產業會出現更多的新興行業，文化建設將影響未來文化產業結構的升級方向。

3. 利用文化建設引領文化產業需求方向

文化產業是供給創造需求的特殊行業，文化建設是屬於供給層面的發展路徑，通過文化建設可以創造需求。服裝設計最為典型，儒家文化是中國的傳統文化，目前以中國傳統文化為元素的設計風靡全球，得到不同國家、不同文化消費者的需求認同，因此「民族的就是世界的」闡述了文化建設創造需求的真諦。對於文化產業而言，「文化+農業」「文化+工業」「文化+旅遊」等體驗經濟就是在普及文化知識的過程中產生的文化產業需求，文化建設在這個過程中起到了掌舵作用。

6.3.2 通過文化建設推動文化產業品牌化發展

微觀層面的文化建設其實質就是品牌建設，對於文化產業而言，特色文化由於具有獨特個性難以仿製，而品牌化發展相對競爭激烈的工業產品要容易複製，因此民族特色文化品牌化是有效推動文化產業升級轉型的路徑。

第一，要通過文化建設深入研究和普及民族傳統文化。構建與完善公共文化服務體系，對民族傳統文化進行整理、挖掘、研究和傳承創新，特別要大力支持公益性文化設施項目，完善公共文化服務平臺，為藝術組織、民族藝術家和各種公眾文化活動創造參與平臺，普及文化藝術活動和培養文化消費習慣。

第二，重視文化產業品牌策劃。首先，要支持品牌策劃公司參與到文化產業的發展過程中，並加速民族文化產業化的進程。其次，發揮民族文化產業的獨特個性，對民族文化分解篩選，把個性作為品牌化的首要考慮因素，根據個性特徵進行品牌的策劃和定位。

第三，樹立新穎的文化品牌形象。一是要實施一批有影響力的文化事業項目，以市場為導向，項目為載體，對文化品牌進行全方位、經常性、系列化的宣傳。二是要加強對外交流，通過文博會、世博會等招商引資活動提高文化品牌的知名度，將民族文化品牌不斷推向世界。三是注重品牌內涵差異性培育。不同的文化資源開發應有不同的發展途徑和開發模式，從而形成不同內涵的品牌文化。在品牌培育過程中要重視民族文化產業的個性特徵，從而形成特色民族文化品牌。

6.4 配套基礎設施建設

通過項目調研，中國文化建設支持項目集中在三類：公益活動博物館和紀

念館等場館的建設、網絡游戲等新興產業的設備和產權購買、產業園區的基礎設施建設。這些配套基礎設施建設項目，大大推動了文化產業的發展。文化產業配套基礎設施建設路徑可以從兩方面著手，一方面是文化設施的建設，另一方面是文化產業園區的建設。

6.4.1 選擇特色文化為建設內容

關於文化設施的建設，首先要選擇特色文化為內容進行建設。文化設施建設要避免文化內容雷同現象，例如紅色旅遊文化建設，多地建有紀念館、博物館，內容多有重複，與當地城鎮文化的結合不足，造成資金和資源的浪費。其次要以市場為導向兼顧社會效益進行文化設施建設。在特色文化產業化過程中，有的地方將文化建設支持項目貼上房地產開發的標籤，本末倒置，因此特色文化的社會價值不但沒有完全體現出來，反而庸俗化了民族傳統文化。最後在建設文化設施時要對優秀民族文化內涵深入研究。不能盲目利用民族文化符號，簡單粗獷地將其作為產業發展的符號代表，有些文化產業項目牛頭不對馬嘴，文化符號和產業沒有必然聯繫。要有依據地、有針對性地研究文化內容，並把其作為產業化核心內容。文化產業發展過程中不能「拉郎配」。

6.4.2 推動文化產業園區建設

關於文化產業園區的建設，首先要建設專業文化產業園區，在文化產業園區建設過程中，重視龍頭文化企業的引進，並且通過文化產業鏈承接企業，從而形成專業化的文化產業集群。其次，加強軟設施的配套建設。重視文化產業園區的監督管理，構建文化產業園區發展的指標體系，定期評估文化產業發展情況，構築文化產業發展平臺。編製錯位發展的規劃，避免文化產業園區形式化，給予切實發展文化產業的項目支持。最後，要抓住文化產業園區發展的突破點，如成都市錦江區35號文化創意廣告園區建設的突破點在於上、下游企業形成的產業集群的合力優勢；荷塘月色文化創意產業園區建設的突破點在於文化創意人才的安身立命，工作室就是藝術家起居生活的地方；太古里園區的突破點體現在商業文化基礎上的消費，這些園區的配套設施的建設重點都是圍繞突破點展開的。這些產業園區的成功是由於找準了突破點，使得文化產業園區充滿生命力，促進了整個地區文化產業的發展。

7 文化產業發展路徑二：文化產業化

文化產業是具有文化性和產業性雙重屬性的經濟範疇，在市場機制下要把文化產業做大做強，必須要研究文化產業化路徑。

7.1 在產業化過程中民族文化的保護與開發

文化保護與開發指的是通過對文化的確認、提煉、保護等形成獨特文化符號的過程。民族文化具有原生態性，其保護和開發是保持文化產業特性的必然要求，是文化產業化的前提。民族文化的保護與開發要注意以下幾方面：

一是文化保護與開發要科學合理。在文化產業化過程中應該保護和開發積極的傳統民族文化。傳統文化是在特定的歷史時期和地理條件下形成的，因此文化的內容受到一定條件的制約，部分不合時宜的文化具有歷史局限性，對於當代社會沒有保護和開發的價值，但是大部分優秀的傳統文化反應著人類與自然鬥爭並適應的關係，這是我們寶貴的精神財富，值得褒揚和流傳。這部分文化不僅要保護還要通過各種形式開發，形成可以產業化的文化符號，這些都是文化產業化的重要內容依據。比如傳統手工藝，它不僅沉澱著各族人民世代累積的智慧和經驗，還展示著當時人們生活的狀態，反應了人與自然、人與人的關係。對傳統民族文化進行保護和開發，形成展示這一文化的符號標示，可以大大豐富現代人的生活。

二是正確處理文物保護和產業化的關係。保護的最終目的是利用，我們的思路應當是對文物積極搶救、有效保護、合理利用。在保護中傳承，在傳承中保護；在保護中利用，在利用中保護；在交流中保護，在保護中交流，這應當是我們最為可行的保護方式。那麼，怎樣算是合理的利用？這就是一個利用的

尺度問題。我們認為利用以不傷及或損壞文化本身為度。對中國的傳統文化束之高閣不行，過度利用損壞也不行。例如：莫高窟景區控制參觀人數，設立隔離牆等手段，而不是關門保護；館藏典籍不讓人查閱，那是死物，所以不能不讓人看，讓人查閱又有一個保護問題，那就採取複製、翻印的辦法。在世界範圍內，也應當採取交流的辦法，搞文化輸出、搞交流，不能閉關死守，那樣沒有任何出路，只有不斷地交流，讓更多的人瞭解、認識、利用，才能創造出更加豐富多彩、博大精深的華夏多民族文化。文化資源的開發和利用必須堅持可持續發展，要合理科學地利用，杜絕殺雞取卵式地利用。

三是加強政府在文化保護和開發中的作用。保護民族文化是實現文化傳承的重要環節，政府作為公共服務部門，在其中扮演著極其重要的角色。①要全面貫徹黨的民族政策和文化政策，通過落實政策來實現對民族文化資源的保護。過去，民族文化破壞和遺失現象嚴重，這跟文化主管部門在文化政策的職責履行上不到位有著很大關係，他們未能嚴格執行黨和國家文化政策和相關規定。因此，相關文化主管部門應當依法行政、嚴格執法，履行黨和國家制定的關於保護民族文化資源的各項制度和規定，只有這樣，才能讓民族文化資源得到有效保護。②要加大對文化建設的投入，大力發展民族文化事業。一方面，民族文化的搶救、保存、挖掘、維護、整理和利用都需要大量的資金投入，相關文化部門必須予以重視，加大對民族文化保護和建設的投入。另一方面，要充分保障文化人、民間藝人的基本生活水準，讓他們有更多的時間和空間來創造更加優秀的文化藝術作品。③要建立健全文化資源管理機構，建設一支文化保護和管理者隊伍。民族文化資源的管理需要各級、各部門之間的相互銜接和溝通，堅決杜絕在文化資源保護上各管其事，不溝通、不合作的工作作風，對於遇事相互推諉的部門和工作人員應當進行嚴厲懲處，只有這樣才能保證文化遺產等資源得到有效保護。為了更好地協調部門間的工作，可以根據當地實際情況成立民族文化遺產保護利用機構，協調和規劃文化遺產的保護和開發利用事宜。同時，可以考慮建立一支研究民族文化資源的研究團隊和管理團隊，充分利用他們的專業技術優勢，廣泛開展民族文化遺產的調查、識別、保護、利用等工作。

四是立法保護文化資源。法為本，將民族文化資源以立法形式加以保護。中華人民共和國成立以來，《中國人民政治協商會議共同綱領》《中華人民共和國憲法》《民族區域自治法》《文物保護法》先後對少數民族的語言、文字、

文藝、工藝品等做了法律規範和保護，因而中國民族文化在一定程度上得到了較好的保護。但同時，我們也應當看到，目前對中國民族文化資源保護的法律、法規尚不健全，還存在諸多保護盲點，如大部分民族文化資源中的飲食用具、傳統生產工具、手工藝品、雕刻物、樂器等器物和民俗文化並沒有得到相應保護。而且，目前在成文的法律保護中，部分法律規定可操作性不夠強，約束力較弱，對文化的保護力度有限。因此，完善民族文化資源的保護立法，是當前立法部門亟待解決的問題。

[資料5] 長徵紅色文化資源的開發與利用

2014年10月習近平在京主持召開文藝工作座談會並發表重要講話，指明了文化產業發展的方向，把社會效益放在首位，同時也應該是社會效益和經濟效益相統一。2015年9月《關於繁榮發展社會主義文藝的意見》又重申了其講話內容，強調文化產業的社會效益。至此，中國文化產業的發展方向已經非常明確了，其基本理念是社會效益和經濟效益相統一。

長徵是值得不斷反思並從中汲取力量的，長徵過程中反應的紅色文化不但具有歷史研究性，而且在當代中國具有巨大的適用性。它是共產主義信仰的具體實踐，是人類歷史上的奇跡。發展長徵文化產業不僅可以改善長徵沿線貧困地區的經濟條件，更重要的是可以增強中華民族自信心，有利於實現繁榮富強的中國夢。

一、長徵紅色文化形成的背景

1934年10月，中共紅軍在「第五次反圍剿」失敗後被迫開始長徵，歷時兩年，總里程超過兩萬五千里，被數十倍的國民黨軍隊追擊、堵截，戰鬥在四百場以上，平均三天就發生一次激烈的大戰。除了在少數地區短暫停留之外，在饑餓、寒冷、傷病和死亡的威脅下，平均每天急行軍五十公里以上。紅軍在長徵時死傷嚴重，1934年10月，紅一方面軍作戰部隊八萬六千多人踏上長徵之路，1935年10月到達陝北吳起鎮時全軍僅為近八千人。1935年4月，紅四方面軍近十萬大軍開始西渡嘉陵江，到1936年10月到達甘肅會寧時全軍僅剩三萬三千多人。1935年11月，紅二方面軍兩萬一千多人從國民黨三十萬大軍的合圍中衝出，到1936年10月到達將臺堡與紅一方面軍會師時，全軍僅剩一萬一千多人。紅二十五軍——紅四方面軍撤離鄂豫皖根據地後留下的一支紅軍武裝——1934年11月踏上長徵之路，全軍兵力最多時不足八千人，最少時兵

力只有一千多人。在長徵過程中紅軍戰士們身體雖然死亡了，但信仰留下了。長徵過後，中國共產黨開始保存實力，並對共產主義信念進行了全面的宣傳。

中國長徵不是「勝者為王，敗者為寇」的故事，是精神戰勝肉體的故事。這是長徵文化形成的基礎。除了最高尚的精神信仰，任何語言和物質都無法驅動一群靈魂為之奮鬥，驅使血肉之軀比鋼鐵還堅固。

二、長徵反應的紅色文化基本內容

長徵文化內涵十分豐富，是中國傳統文化精華的縮影。

1. 長徵文化中大愛的力量

長徵文化表現出人性最本質的東西，它是人性的昇華。長徵所表現出的力量來自「愛」。長徵過程中把人與人之間的愛表現到極致。第一，是對自己之愛。中國長徵的主體是生活在社會最底層的工人和農民，境況極其悲慘，他們參加革命的最初目的多數是為了改善自身現狀，自己當家做主人，這是人本性的自然體現。第二，對子孫之愛。中國紅軍之所以能夠戰勝長徵中的各種艱險，是因為能夠抱有希望，渴望為子孫後代創造新生活，因為後代是「自我」概念的衍生品，這是愛自己的延伸，仍然是小愛。第三，對朋友之愛。對朋友或戰友之愛是長徵過程中紅軍凝聚力的重要支撐，這種凝聚力使得紅軍對抗國民黨圍剿時不怕犧牲、衝鋒陷陣，這股力量是愛自己的昇華，因為戰友死亡了，工農紅軍個體也不存在了，前兩種愛就不能實現了，因此紅軍長徵過程中的艱難險阻昇華了前兩種愛。第四，對同胞之愛。這是大愛，中國長徵的主體——工農紅軍肩負著整個中華民族解放的重任，紅軍表現的是民族情義，沒有矯揉造作，是每一個紅軍自發的民族情懷，這種情懷是每個紅軍理想的高度統一和集合。這種民族情懷是在前三種愛的基礎上自然而然產生的，不是偶然而是必然會有這樣一種一致的愛。第五，對整個人類之愛。共產主義理想把這群不同地域、不同方言、不同階層的人集聚起來，這個理想不僅可以讓自己過得很好、子孫過得很好、朋友過得很好、同胞過得很好，而且可以解放全人類。這樣的理想不用談實施，只要談及或宣揚人就會讓人感到無比的自豪，更何況自己是實施者中的一員呢？崇高之情油然而生，天地正義感時刻充實著每一個革命者的內心，以至這種理想上升到信仰的高度。一種情感上升到信仰，那麼為之犧牲生命就不足為奇了。

這五種愛由小到大，把民族責任感和自豪感注入紅軍戰士們的心中，即使犧牲生命也在所不惜。這種力量是可怕的，令人敬畏的，試想哪一個民族或群

體可以像長徵時期的中國紅軍？如果有，那這個民族建立的國家一定立於不敗之地。

2. 中國長徵不僅僅是歷史事件，它是人類歷史的縮影

回顧人類歷史，從古至今，從猿人進化開始，人類為了生存不斷奮鬥，經過原始社會、奴隸社會、封建社會、資本主義社會的累積，人類的物質財富不斷增加，人類文明不斷發展，可是饑餓、貧窮、掠奪、戰爭等這些帶給人類痛苦的事件似乎無窮無盡。這不是人類向往的理想生活，為了心中的理想人類不斷追求，當各個群體之間理想發生衝突就會引發戰爭，戰爭的目的也是為了某個群體理想的實現，最終勝利的一定是理想堅定和正義的一方，無論另一方物質多麼豐富、工具多麼先進、技巧多麼專業。這就是人類用血肉之軀不斷循環的歷史。

中國長徵這一歷史事件用兩年的時間概述了中國五千年的歷史和人類追求完美理想的苦難歷程。中國五千年歷史是一部鬥爭史，從原始社會開始和自然做鬥爭，當我們徵服自然界時，私有制的出現使我們開始展開人與人的競爭，到了奴隸制，把這種人與人之間的控制與反控制推向極端，物極必反，奴隸制崩潰了，取而代之是中國幾千年的封建社會歷史，這個鬥爭上升到組織之間的鬥爭和利益集團的鬥爭，個人鬥爭不再殘酷，人的善良本性在一定利益集團內或組織內得以實現。直到共產主義理想提出來後，它為結束人類自我爭鬥和自私本性提供了藍圖。而這個時期人類文明實現了空前的發達。長徵濃縮了這種鬥爭歷史。

短短兩年的長徵，展現了人與自然的鬥爭，人與人的鬥爭，身體與身體的鬥爭，靈魂與靈魂的鬥爭，理想與現實的鬥爭，信念與相反信念的鬥爭。這反應了人類追求終極理想的途徑，其過程是曲折的，信念是要經歷磨難的。

三、長徵紅色文化產業化的意義

長徵紅色文化揭示了當前中國人最迷茫的幾個問題的答案，它是值得研究和學習的。長徵文化產業化的重要意義在於以長徵為背景，以長徵文化為基點普及真理，提高中華民族整體文化素質。

1. 關於信仰

西方國家經常批判中國是個「信仰缺失的國家」，美國國務卿希拉裡在哈佛大學演講時稱中國人是世界上少數沒有信仰的可怕國家之一。她不瞭解中國，中國人有信仰，那就是共產主義信仰。曾幾何時，這是我們值得驕傲的，

並且為之拋頭顱灑熱血的。因為和平年代，物質生活豐富了，人們身體得到了極大滿足，精神卻空虛了，共產主義信仰沒有填滿我們的精神，相反，各種西方的文化不斷地充斥我們的神經，無論經濟學、心理學、社會學、哲學還是自然科學等領域從不同角度詮釋這個世界的真理，而隨著馬克思主義和共產主義思想的形式化，中國人陷入了矛盾和牢籠，苦苦追求那丟棄了的東西。人類真的是個奇怪的動物，擁有的好東西永遠看不到，永遠追求不是自己的東西。這就是荀子曾經說的人性本惡的原因。共產主義信仰為什麼對？長徵證明了。它可以給人以正義感，可以讓人充滿力量，使之立於不敗之地。這種正義感從哪裡來？來自為全人類謀福利的信念，即千百年來為各民族人民所推崇的「愛」。這種信念不用具體化，光是持有該信念就不會陷入迷茫，就不會陷入聲色權利之中。中國當前的問題不是沒有信仰，而是信仰丟棄了。

2. 關於社會主義道路

中國長徵的意義遠遠不在於其人文精神，它給中國人民指明了一條通向勝利的道路。長徵歷史和中華人民共和國成立後社會主義經濟建設的歷史不謀而合。第一，長徵源於國民黨對共產黨的圍剿，這和中國剛解放時遇到的情境非常相近，中國剛解放面臨西方發達國家的經濟封鎖；第二，長徵時期和剛解放時期中國都處於一窮二白的地境；第三，中國長徵是由於指導路線出了問題，共產黨陷入困境，直到毛澤東開始指揮紅軍作戰，最後取得長徵勝利，這和改革開放以來中國經濟體制改革的歷史不謀而合；第四，長徵時期毛澤東採取遊擊戰的戰略和鄧小平改革開放以來的特區政策很相似；第五，毛澤東的長徵中農村包圍城市、由點及面的作戰計劃和改革開放後中國的「一部分人先富起來」發展戰略都有共同點。長徵和改革開放都取得了巨大的勝利，長徵歷史和中華人民共和國成立後的發展歷史和背景的一致性，揭示了中國特有的發展規律，這是中國取勝的規律。

3. 關於個人價值

長徵詮釋了個人價值的真諦。鴉片戰爭後，西方列強打開了中國的大門，中國由富甲一方變為一窮二白。改革開放後，西方的金錢至上的思想不斷湧入中國，中國人原有的「不為五鬥米折腰」的傳統文化逐漸被國人拋棄，「不論白貓黑貓，抓到老鼠就是好貓」，個人價值取向陷入迷茫。其實回顧長徵可以簡單地找到答案。長徵過程中闡述了生命的價值不在於你擁有什麼物質，而在於你實現了什麼理想。當一個人活著只為自己的「一畝三分地」而努力奮鬥

時，所做一切只為「自我」概念的維持，被這「所謂的自我」牽著鼻子走，其實這正是失去了「自我」，沒有「自我」何談個人價值。實際上縱觀各國和各民族人民，「為人民服務」「集體利益大於個人利益」等價值標準從來沒有過時，當個人理想和人類理想重疊時，生命的價值得到了最高體現，這正是長徵文化所展示的。

四、長徵文化傳播的途徑——長徵文化產業化

從上述分析可知，長徵文化對中國上層建築不斷深化改革具有重要啟示，它對於中國堅定共產主義信仰，提高中華民族整體文化素質具有重要意義。但是曲高和寡，長徵文化一定程度上是「吃苦」文化，和當前的文化傾向不一致，如何在這種背景下傳播長徵文化？十七屆六中全會後，國家提出大力發展文化產業，這給長徵文化的傳播帶來了巨大機遇。

1. 長徵文化產業化的前提

長徵文化是人類在極端困苦條件下人性至善的表現。而在物欲橫流的今天，要把長徵文化作為大眾文化普及，並影響人們的行為準則，是一件不易的事情。即使通過宣揚，部分人會在語言上表達感動，但行動上難以實現認同。所以，長徵文化從內在特徵上看是屬於精英文化的一種，它是相對於大眾文化而言的。大眾文化和精英文化並不是非此即彼的關係。大眾文化和精英文化所包含的文化本質是一致的，這是他們能夠互相轉化的基礎，這種關係在當前文化多樣化的時代類似於現代商場銷售產品的「限量版」和「普及版」的關係。

無論精英文化還是大眾文化，都需要把這種文化價值化，這種價值化過程或與市場經濟對接的過程就是傳播長徵文化的過程。其最直接的方法就是長徵文化的產業化。一種文化被產業化，並得到可持續發展的關鍵在於其文化產品被感知和具體化過程中如何進行文化轉移。這種轉移主要包括抽象文化轉化為具體文化載體，同時消費群體由少數人群變為多數人群。可見，長徵文化產業化的前提是如何把這種精英文化轉換為大眾文化。

2. 長徵文化產業化的基本路徑

長徵文化產業化過程把精英文化轉換為大眾文化需要兩個步驟：一是使得長徵文化被普遍認可，二是使得長徵文化商品化。第一步驟從經濟學上講是創造需求的過程，即消費群體由少數人群變為多數人群；第二步驟是增加供給的過程，即抽象文化轉化為具體文化載體。

(1) 如何創造需求

長徵文化從本質上講各個層次、各個國家的人都能從中獲得收穫。但是，由於主觀條件和客觀條件的限制，部分人群會對長徵文化不屑一顧甚至排斥。因此從需求的角度促進長徵文化產業化就要對需求進行分類，做到有的放矢。本文認為三種需求分類的方法最有效。

首先，從文化水準上對需求進行分類，分為高中水準之下、大學水準、研究生水準、專家水準。對於高中文化水準之下的人群，要突出長徵文化的故事性，趣味性和常識性，具體來講從共產黨和國民黨的對抗戰略、作戰英雄事跡、歷史故事的前因後果等來傳播長徵文化。對於大學水準的人群，要突出長徵過程中歷史事件的分析，具體就是歷史事件發展規律的分析、事件之間的邏輯關係、決策的對錯分析等，把長徵這一事件納入理性分析的框架，讓這部分人深刻認識到長徵是歷史的必然，長徵的勝利也是人類發展規律決定的。對於研究生水準的人群，要跳出理性分析的框架，對其進行共產主義信仰的再教育，重點放在個人價值、信仰的高度闡述長徵的文化價值。

其次，從職業角度按照個人對長徵文化的渴求程度對需求進行分類。因為需求通常是伴隨著目的而產生的，所以按從事職業不同衡量需求程度不同。對於國家公職人員來講，長徵作為中國共產黨的重要歷史，共產黨員作為常識都有所瞭解，他們的需求是更高層次的邏輯分析和信仰提升。對於軍隊人員，長徵中所展現的作戰技巧和戰略在軍事上都有重要的啟示意義，他們的需求側重於長徵具體歷史事件的計策、戰略的分析。對於普通大眾，其需求是從常識上瞭解長徵歷史事件的過程，從個人價值上對自己做人有所啟示，從個人和集體、國家的關係上分析長徵文化。

最後，從市場區域劃分需求。中國是一個多民族、經濟發展十分不均衡的國家，因此，根據市場區域來擴大長徵文化產業的需求是具有中國特色的十分有效的手段。市場區域可以劃分為革命老區、貧困地區、發達地區等，針對不同收入水準和文化特徵劃分地區，分區域的推動長徵文化普及。

(2) 如何增加供給

總體上講，長徵文化是約束個人需求的，反對人類自私本性的，所以它天然的會被所有人漠視。因此從路徑選擇上需要利用人的特點激發個人崇高的一面，克服這種自私。

首先，豐富長徵文化內涵和外延，把長徵文化和百姓的生活、工作等緊密

結合起來。

其次，通過明星效應來增加供給。明星效應是外國經濟實踐中比較常用的推動文化產業發展的行之有效的手段。通過知名人士＋長徵文化的商業模式創新，來改變供給方式。利用知名人士推動長徵文化產業與其他產業融合發展，如保健方式＋長徵文化，生活工具＋長徵文化。

最後，建立套牢機制。建立會員機制等套牢機制，定期舉行長徵文化的紀念活動，把當代和傳統中國文化與長徵文化融合，提高長徵文化的普及度，並在套牢機制基礎上採取激勵消費措施，從而改變長徵文化作為文化事業發展長期缺乏活力的供給局面。

總而言之，長徵文化產業要真正成為當地支柱性產業，實現社會效益和經濟效益的統一，要著重兩方面的工作：一方面要深刻挖掘和認識長徵文化的內涵，另一方面要用市場經濟手段推動長徵文化產業的發展。

7.2　文化產業化

文化產業作為市場經濟的一個存在主要體現在產品生產過程中，因此文化產品生產是文化產業化過程中的關鍵。它是以微觀經濟主體的市場行為。

7.2.1　文化產品化

文化產品化是企業把文化作為一種符號或者表徵賦予某種商品載體的過程。它是無形文化和有形商品的結合，是文化產業化的第一步。文化產品化過程要注意以下幾點：

第一，文化產品化首先要選擇文化符號。文化符號的選擇是依據文化消費受眾特徵。文化分為高雅文化和大眾文化。高雅文化曲高和寡，消費受眾受到高雅文化創造者的影響，這些人通常是社會文化的引領者，因此該文化符號就與特定的人聯繫在一起，例如書法和繪畫藝術是和藝術家的個人特質緊密相連的，其價值也在於其風格，這類產品是以精英人群的風格特色為文化符號的。大眾文化是某類文化的普及的結果，因此這類產品是以大眾流行風格為文化符號的。由此可見，選擇文化符號要考慮消費受眾，一般企業生產的文化產品都是大眾文化產品，可以規模化生產，並且風格一致，如影視作品，有藝術電影和娛樂電影劃分，其表徵文化符號就有所區別，如人物的造型、裝飾等文化符

號載體都會發生變化。文化豐富多樣，要選擇具有民族個性，同時又能表徵當今社會積極文化的符號，這類文化符號不僅具有民族特色而且社會接受度比較高。

第二，文化產品化要選擇商品載體。文化的消費是屬於精神層次的消費，它有兩種形式，一種是無形的文化產品，一種是以滿足人們需求的商品為載體的文化產品。因此，文化產品化的商品載體的選擇是和人的直接消費相關的，是以最終消費品為主要形式的載體，而中間加工產品的半成品或初級產品不應該作為文化產品的主要載體。對於第一產業，與直接消費相關的加工食品、觀光農業、農產品等都可以作為文化的載體，如山東的棗莊就是把棗這一直接消費農產品和文化結合在一起的成功案例。對於第二產業，工業半成品等不能被消費者直接感受和體驗的商品是不適宜作為文化的載體的，而直接到達消費者的工業製成品或能夠體驗的加工環節等可以切入文化元素，如法國香奈兒加工工廠的現場體驗就是加工環節的體驗，還有工業製成品的廣告、包裝等行業都是文化切入工業產品的主要形式。對於第三產業，文化與之融合發展是非常容易的，尤其是生活性服務業直接服務對象是人，加入文化要素可以提高文化服務的水準和層次，增加附加值。而對於生產性服務業，工業設計、研發等是文化切入的主要形式，是產品生產價值鏈中附加值最高的部分。由此可見，發展文化產業除了房地產行業外，還有很多行業可以成為載體，並能夠切實地帶動GDP的增長。

第三，文化產品化要做好市場調研，建立風險規避機制。文化符號和文化載體的選擇都是屬於供給層面的，從需求層面來看，市場風險規避機制是具有決定性的步驟。文化產品具有民族個性，其文化特性的可辨識度和可接受度都會影響市場需求，這也是文化產業風險的主要來源和決定成敗的關鍵。因此，市場各個參與主體要形成風險規避機制，具體而言可以以政府主導市場主體參與的形式建立。政府提供資金、市場提供專業人才來建立文化產品篩選機制，類似於國外的創業平臺，不同的是政府在這裡是主導，因為這種篩選機制具有極大的風險，一般企業很難成功形成營利模式，如國外創意眾包公司Quirky公司紅火經營了三年後由於風險投資難以持續而倒閉。

7.2.2 文化產品的生產

文化產品化後，就要進行文化產品規模化生產。要改變當前文化產品因原

生態性導致的單一性、缺乏時尚的生活氣息、不易被市場認可等缺陷，關鍵是要做好現代創意下的民族文化產品創新性的生產。

一要充分發揮科研機構的作用。對民族地區文化資源的開發與研究，應在政府引導下，利用科研設計力量，建立學習性組織進行創新。首先，充分利用國家社科基金藝術學項目和文化部文化藝術科學研究項目的學術指導，深化對當代文化發展問題研究，逐步完善中國藝術學學科體系。其次，推進藝術類科研院所的建設，讓藝術科研工作在文化決策諮詢、文藝檔案管理、文化活動策劃、文藝刊物建設等領域發揮應有的作用。

二要堅持以內容為王的市場導向進行生產。要用現代人的眼光和觀念闡釋與利用西部民族文化，以新思想、新形式以及新技術進行新的內容創造，尤其是對於傳統的演藝藝術，不能死板地固守傳統的一招一式的「腔調」，要運用現代高科技進行藝術的重新組合，形成嶄新的適應現代社會審美的新產品。例如，在第十屆中國藝術節上，眾多傳統戲曲劇目在保留傳統戲曲精髓的同時，在內容和唱詞上做了新的改編，經過現代舞美包裝的舞臺也更符合當代的審美需求和現代觀眾的口味。藝術節期間，許多傳統戲劇尤其是京劇、昆曲、黃梅戲等甚至出現了一票難求的場面。

三要創新民族文化產品的種類，走多元化發展道路。首先，要依據文化產品的思想價值、藝術價值和使用價值對民族文化進行類別細化，並發展差異化的文化產品。其次，同一文化背景下，尋找不同文化載體，從而尋求產品的多元化。最後，以不同的市場環境和消費習慣作為文化產品類別差異化的依據，在廣告包裝上體現差異性，實現西部民族優秀獨特文化的多元發展。

四要推動文化產業各行業協調發展，從而提高整體文化水準。政府要加強對文化事業的宏觀引導，建立並加大投入文化專項投入基金和國家文化基金，逐步完善文化創意創作的長效保障機制。尤其要重視民族地區文化藝術的繁榮發展，不僅要大力推動精品文化產品創作，還要推動音樂、戲劇（戲曲）、雜技、舞蹈、美術、曲藝等傳統民族藝術可持續發展。

五要建立評獎機制，為文化產業發展確立標杆。文化產業的發展要實現社會效益和經濟效益的統一。首先要堅持社會主義先進文化的前進方向，把人民群眾滿意作為評價藝術的最高標準，同時把專家專業評價與市場機制統一起來，形成科學權威的價值評價標準。對於評獎機制，要遵循公開、公平、公正的原則，不斷增強國家級文藝獎項的權威性和公信度。堅持文藝作品的主流價

值創作方向，注重文藝評論骨幹力量培養，不斷改進和加強文藝批評，增強文藝評論的針對性。

7.3 市場培育

文化市場是指按市場運行規律進行文化產品交換或提供有償文化服務活動的機制。和一般商品一樣，文化市場具有供給者和需求者，具有價格機制、競爭機制。文化市場的培育就是推動具有大量供給者和需求者參與的以競爭機制為基礎的定價機制的形成，從而保證文化產品生產和消費等市場行為的有序進行。文化市場處於起步階段，要不斷培育和細化文化市場，完善民族文化市場機制。

7.3.1 確立市場培育中政府的引領地位

文化產業起步較低，經濟發展基礎差，民族文化市場產業鏈結構還未完全形成，市場運行機制也還有待健全。因此，在少數民族地區尚不能完全由市場自發調節文化市場時，仍需加強政府對其引領作用，通過以擴大和放寬投融資渠道、加快特色文化產業發展、轉變經濟發展方式等宏觀支持舉措來引導民族文化產業走向規模化。

第一，政府要制定文化產業發展的相關法律法規。除了國家和各部委頒布的與文化相關的發展政策、法規、規劃外，還要制定有針對性的文化產業政策，一方面針對民族個性特徵，不同的民族風俗習慣制定不同的文化產業鼓勵政策，另一方面針對文化產業發展水準不同，制定不同標準的文化產業政策。同時，針對不同的文化行業，制定不同的鼓勵政策，如廣告包裝、創意設計等市場化程度高的行業政府要減少干預，文化事業相關行業等市場化程度較低的行業政府要加大支持。

第二，加強文化資源豐富的民族地區政府政策的執行力。首先，推動民族幹部和漢族幹部同工同酬，調動所有政府管理者的積極性。其次，建立激勵機制，對文化產業發展突出的個人和地區進行獎勵。最後，對於援助文化產業項目和中央財政支持項目給予一定資金權限和鼓勵措施，讓援助文化產業項目能夠切實帶動當地經濟發展。

7.3.2 銷售渠道建設

好的產品需要完善有效的行銷體系使產品走向市場。政府應該建立起市場信息快速反應系統，把市場中的文化產品供給和需求信息迅速的反饋到市場中去，實現供求均衡。

目前，文化產業組織形式主要有三種：一是「文化產品銷售公司+仲介+消費者」；二是「前店+文化產品後作坊」；三是「文化產品銷售商+作坊+藝術家（或其他工藝門類創作人員）」。這些產業組織形式中，藝術家或者創意者處於產業的最底層，對市場需求和應對能力都較弱。針對這一問題，政府可以建立藝術家或創意者平臺，對文化產品的市場調研、產品研發、生產加工和市場流通進行服務，連接供給和需求平臺。銷售渠道和平臺的建設要注意以下幾方面：

首先，文化產品要突出民族文化產品的地方特色，避免同類商品的同質化傾向，做到既保護自己的利益又能保護他人的收入，既延續地方的傳統特色又能豐富民族文化產品的樣式和內容。

其次，要建立文化產品的品牌，樹立品牌意識，將文化產品打上誠信和品質的烙印，在突出文化產品品牌的同時，達到宣傳拓展市場的作用。

最後，在文化產品銷售中應該注重對西部民族文化的宣傳，將文化產品轉化為承載民族文化歷史的載體，既能保證產品的銷量，又能促進相關產業和行業的蓬勃發展。

7.3.3 培育新興文化市場

隨著計算機和互聯網技術的普及，人們的生活方式和精神消費模式逐步發生了變化，出現了以信息技術為基礎的新興文化產業，這些產業是未來全球經濟新的增長點，要培育文化產業成為支柱性產業，實現跨越式發展，必須要填補新興文化產業的空白，以培育完整的文化產業鏈。

1. 推動文化資源新媒體開發

當前，由於多媒體技術發展迅猛，多媒體技術所創建的虛擬世界正在重組人們的時空感，傳播著各種信息，提供無限接近現實的影像，製造文化體驗的新形式，同時給文化產品的傳播帶來深刻影響。文化資源的新媒體開發，就是利用多媒體技術，結合各種類型媒體的特色和功能，找到文化資源開發的各個環節與媒體的最佳契合點，呈現文化產品和媒體契合中能夠最大限度地吸引眼

球、展現其獨特魅力的部分。

首先，利用技術手段實現媒體對文化的重構。電子時代的信息複製使文化產品原件與複製品之間的差異消除，「仿真」與實體之間的界限變得模糊。因此，當前的技術手段使文化產品呈現出令人震撼的「超自然」「超真實」的特徵。人們能夠不與初始資源產生直接的聯繫就獲得文化體驗，甚至這種體驗並不真實地反應資源的文化內涵。因此資源的豐富性和潛在的意義在人們不同的解讀中得到更加充分的發揮和再現。在這樣的技術條件和背景下，媒體對文化產業的影響舉足輕重。通過這些虛擬技術可以使得西部民族傳統文化的內涵更加豐富，層次更加多元，產業鏈更加拓展。

其次，利用新媒體傳播西部民族文化歷史。文化產品往往是靜態的、單一的，並受到時空的限制，因此當把這些文化產品向大眾傳播時，媒體的選擇和運用在很大程度上決定了文化產品的可接受程度以及影響的廣度和深度。通過新媒體開發，實現西部民族文化穿越，再現古代文化背景，如西安大雁塔的虛擬現實絲綢之路，讓人感到身臨其境。

2. 體驗式開發

一般情況下，顧客體驗的主觀個人感受是吸引其是否消費一項文化產品的關鍵所在。因此，文化資源開發的本質是為顧客提供一種或多種經歷和體驗，以進行體驗式開發。豐富的民俗文化，是體驗式文化產業的重要基礎和來源。

首先，確定民族文化體驗主題。體驗主題的選擇要根據市場要素決定，一般情況下體驗主題是文化產業形成的首要問題，是把市場要素聚集在一起的磁石。因此，主題的選擇要基於兩點考慮，一方面是可實施性，即是否能把各種市場要素聚集起來，另一方面是要具有社會和經濟效益，不僅有市場潛力還要有淨化和昇華人們心靈的作用。

其次，設計體驗路徑，提升體驗價值。提升服務的體驗價值可以從餐飲服務中的體驗氛圍、導遊人員的人性化服務、旅遊產品的體驗化設計等著手，改進遊客與服務環境、遊客與服務人員、遊客與遊客的互動方式，營造全新的旅遊互動體驗氛圍，不斷提高遊客的體驗感知。

3. 錯位開發

一定區域內互有關聯又各有特色的文化資源，為了避免相互競爭，可以採用互補性的錯位開發。西部民族地區文化產業具有多民族性、多元性文化特徵，具備錯位開發的條件。

第一，錯位開發的關鍵是各區域要發揮自身特色，找準定位。一方面從文化資源上開發特色文化產業，包括自然資源和人文文化資源，另一方面從商業模式上探討新的組合方式，把文化和其他產業融合發展，從而形成特色文化產業。

第二，政府要編製錯位開發規劃。文化產業發展是政府主導市場主體參與的模式，政府編製的錯位開發規劃在促進錯位開發文化資源中起到決定性作用。首先，中央要編製省級錯位文化資源開發規劃。對於西部民族省份要根據民族特色編製文化資源規劃，如藏、羌、彝族文化產業規劃的編製就是錯位開發規劃。其次，地方政府要編製文化產業地區錯位行業發展規劃，從行業上進行錯位發展，從而實現文化資源價值最大化。

7.4 文化資源產品的創新開發

文化資源產品的創新開發是保證文化產業可持續發展的重要途徑，它可以拓展文化市場，培育關聯產業，延長產業鏈，是把文化產業培育成支柱性產業的主要手段。

7.4.1 區域整合開發

由於地域的間隔、開發程度的差異及人為因素的分割，文化資源往往處於零星分散、孤立的隔離狀態，未能整合起來。因此，對地區特色文化資源開發的重要路徑就是對其進行有效的整合。所謂整合，就是把一些零散的東西通過某種方式銜接彼此，從而實現信息系統的資源共享和協同工作，其主要的精髓在於將零散的要素組合在一起，並最終形成一個有價值有效率的整體。具體的文化資源整合就是將零散的獨立的文化資源要素聯繫組合，使其建立起有機的聯繫，形成整體合力，讓文化資源由分散的、呆滯的變成系統的、有活力的。

資源整合的關鍵是必須有能被市場接受、富有創意的文化主題。也就是通過資源整合，形成主題化、市場化的文化產品。在這裡，主題就是各種文化資源要素間的結合點。如果將各種零散的文化資源在統一的主題下形成一個完美的整體、一個全新的連結，那就產生了新的文化經濟附加值。這實質上是充分利用資源中的文化信息，而不是單純地利用資源本身，是通過想像力和創造力產生的一種新的創造。

文化資源的整合，依賴於特色旅遊文化線路的設計。選取一條與主題相符的特色路線，把各個地點的文化資源連接起來，使各點實現很好的過渡，使旅遊者能夠體驗不同角度的主題文化，同時讓旅遊者在不同的資源地轉換時沒有很大的文化跳躍。這樣不但自然地保持了各個文化資源的連續性，而且旅遊者也從一個立體的、全方位的角度來感悟主題。

7.4.2 氛圍營造開發

　　文化資源的主題需要一個相應的氛圍來烘托。文化資源的展示、旅遊活動的開展需要一個良好的背景環境，而一個恰當的氛圍便可以提供這樣一個背景。

　　首先，要強化融入景區環境的旅遊者的感受，使其更加深刻地領會文化資源的內涵。要優化服務環境，通過科學的管理建立高素質的服務人員隊伍，從而提供完善的人性化的服務。

　　其次，利用天人合一的思想營造文化主題開發氛圍。氛圍的營造主要通過三種途徑來實現：優化自然、服務環境和人文環境。保護文化資源周圍的自然環境，使得自然環境與歷史文化資源相得益彰；人文環境的營造則要緊緊圍繞歷史文化資源的主題展開，建築、陳設、飾物等都要有利於文化氛圍的營造，而且應該避免現代人文建築對整體意境的破壞。

7.4.3 多層次開發

　　文化資源存在不同的形態，文化資源的多層次開發就是通過其形態的變換來對其文化內涵實現多層次、多角度、多渠道地呈現。

　　首先，同一文化主題通過不同藝術形式實現多層次開發，如 2004 年廣西「印象·劉三姐」山水實景演出，該演出是多層次呈現文化資源、開發主題性文化產品的成功案例。「印象·劉三姐」山水實景演出打破民俗文化資源開發傳統的民俗陳列模式，創造性地利用「桂林山水甲天下，陽朔風景甲桂林」的得天獨厚的地理條件，選址在桂林陽朔的灕江與田家河交匯處，以山為背景，以水為舞臺，與明月星辰相伴，與遠、近木樓漁村相擁，將劉三姐的經典山歌、山水實景、民族風情、灕江漁火等不同形態的劉三姐文化資源元素創新組合，採用「全景式、大舞臺、總調度」的構思，成功地詮釋了人與自然的和諧關係，創造出天人合一的完美境界，從而取得了巨大成功。

其次,同一文化內容通過不同文化載體商業運作實現多層次開發,如迪士尼的唐老鴨與米老鼠,不僅通過動畫片的形式取得了巨大的成功,而後這一文化創意內容在世界各地修建迪士尼樂園,通過文化娛樂設施發展衍生文化產品,同時,唐老鴨和米老鼠文化形象在兒童玩具、學習用具等消費品中作為廣告包裝擴大其附加值。

可見,文化多層次開發不僅大大增加了文化內容的附加值,還同時拓展了文化產業的價值鏈長度,把單一的原生態文化變為多層次的複合文化產品。

8 文化產業成為支柱性產業的制度設計

文化產業具有自身特徵，也具備在市場機制下培育為支柱性產業的有效路徑，但是，追根究底文化產業的大發展還需要制度設計的推進。因此，文化產業成為支柱性產業必須在適應文化產業共性和個性的條件下，制度化相關的發展路徑，成為其加速發展的基礎。

8.1 明確文化產業發展過程中政府和市場的作用

制度經濟學中有兩個結論：一是先期的投入成本沒得到預期的收益或者說收益不能夠彌補成本時，該制度路徑的選擇就不是最優或者該選擇是非最優的，它應該被放棄。二是先期的投入成本得到預期的收益或者該收益超過其他選擇所產生的收益時，該制度路徑的選擇就是最優或者說相對其他選擇是最優的，它應該被採用。可見，如何選擇制度路徑對於產業發展是很重要的。而在初期，選擇的關鍵是考慮先期投入的機會成本，該成本是產業發展的重要基石和以後不得不長期伴隨的重要因素，而相對的預期收益增長率處於比較次要的地位。

根據前面幾部分的分析，文化產業是一個先期投入較高、投入週期較長並具有不確定性、預期收益風險高的產業。在發展前期，文化產業實力相對薄弱，產業聯盟和經濟聯盟都未形成，自由市場主體無法承受和維持文化產業的發展。相對於房地產和其他製造業其先期投入機會成本較高，在唯利是圖的逐利驅動下，自由市場主體不可能在文化產業發展初期投入大量的資金，只有等待政府計劃支持資金到位的經濟紅利不斷釋放後，市場機制才能真正起到促進產業發展的作用。因此，文化產業的發展過程中政府的調控和引導相對於其他

產業而言更加重要。

8.2　解放思想構建供給側文化產業支持制度

當前加強供給側結構性改革成為中國經濟體制改革和宏觀經濟調控新方向。2015 年 11 月以來，國家主席習近平兩次強調，要「加強供給側結構性改革」。國務院總理李克強在「十三五」規劃綱要編製工作會議上稱，「要在供給側和需求側兩端發力促進產業邁向中高端」。發展文化產業是產業結構優化升級、促進經濟轉型的重要手段，十八屆三中全會要求「加快完善文化管理體制和文化生產經營機制，健全現代公共服務體系、現代文化市場體系」，對於中國而言，文化產業處於初級階段，需要相應的政策和制度支持發展。

供給政策來自供給學派的觀點。美國和英國經濟曾在 20 世紀 70 年代陷入滯脹，「里根經濟學」和「撒切爾主義」分別採用減稅和國企改革等措施幫助美國和英國經濟走出衰退，成為供給側改革的成功案例。

供給側改革是相對於過去需求側政策而言的，針對經濟發展的三駕馬車，需求側的經濟發展動力是消費需求、投資需求和出口需求，供給側的經濟發展動力是消費供給、投資供給和出口供給。實際上供給側動力機制帶有非常明顯的結構性調整特徵。與需求側產出的均質、可通約明顯不同，供給側產出是千差萬別、不可通約的產品和服務，在這個過程中產品服務供給的升級換代形成「供給創造需求」的巨大動力，同時制度供給的優化更會帶來「解放生產力」的巨大「引擎」與「紅利」。在供給側改革政策下，「物」的供給能力的競爭，相應地產生與之匹配的詮釋「人」的利益關係的制度供給[1]，從而形成經濟新的動力機制。通過供給側的結構性動力機制構建，會形成「創新驅動」機制，供給側創新驅動的實質就是供給要素的重新組合。對於文化產業發展而言，在加強供給側改革條件下，文化產業不僅僅取決於居民收入、投資、人才，而且還與生產的其他要素條件密切相關，文化產業發展應該更多地關注全要素生產率，從而促進文化產品供給和需求的均衡。

---

[1] 賈康.「三駕馬車」認知框架需對接供給側的結構性動力機制構建——關於宏觀經濟學的深化探討［J］. 全球化，2015（3）：63-69.

8.3　完善金融支持制度

金融支持制度是文化產業發展的主要動力，在文化產業融資上，因文化產業兼具公益性和營利性，其發展需要政府力量與市場主體共同推動。政府的作用表現在深化文化體制改革、完善產業扶持政策、發揮財政資金的槓桿；市場的作用表現在通過創新金融產品和服務，利用資本市場、銀行信貸、投資基金等多種渠道，為文化產業創建多層次、多元化的投融資體系。具體可以從以下方面著手。①

8.3.1　政府引導制度規範化

一是深化文化體制改革。通過文化體制改革，減少行政干預，優化資源配置效率，把資金更多地配置到有利於優化文化產業結構和完善文化產業鏈的項目上來。轉變文化產業發展方式，變依靠投資拉動和資源開發為開發文化產業人力資源、鼓勵文化產業創業創新、激發全社會創意活力，以此帶動文化產業發展。

二是制定有針對性的文化產業扶持政策。政府要將稅收優惠政策貫徹到文化產業的創意設計、產品研發、市場行銷等環節，要制定稅收優惠、稅收減免、稅收返還等具體措施。稅收優惠政策要向中小文化企業傾斜，不僅要惠及盈利能力較強、規模經濟明顯的文化企業，更要照顧創新意識強、生存壓力大的中小文化企業。有條件的地區可以給予銀行信貸稅收優惠，鼓勵銀行增加對文化企業的授信。

三是充分運用政府財政資金的引導和槓桿作用。加大地方政府文化產業發展專項資金對文化產業的扶持力度和投入力度，將文化產業專項資金扶持範圍擴展到更廣的服務體系中。完善文化創意產業風險補償基金的制度建設，在商業擔保公司不能完全補償金融機構的文化企業信貸壞帳損失時，由風險補償基金予以補償減損，彌合文化創意產業與商業銀行的對接縫隙。加大政府對文化產品的採購力度，通過政府採購來宣傳和引領文化產業發展。通過文化產業投融資信息平臺建設，建立文化產業與融資信息數據庫，減少銀企信息不對稱。

---

① 下面內容被四川省省長尹力和原宣傳部部長、省委常委吳靖平批示。

8.3.2 資源配置市場體系建設制度化

一是創新信貸融資體系，解決文化企業貸款的瓶頸約束。首先要加強信貸機構建設。商業銀行可以設立文化產業金融事業部、文化特色支行，匹配專業化人才，探索設計適應文化產業屬性的金融產品，加強文化金融合作對接。其次要創新信貸產品和服務。要開發多層次的銀行信貸產品，對於僅有文化知識產權的初創企業，可以嘗試探索開展權利質押信貸業務；對於演繹類、出版類文化企業，以及文化產業設備製造業企業，可以廣泛開展融資租賃貸款業務；對於現金流穩定的文化企業，可發放倉單質押、應收帳款質押形式的貸款；對於信用資質差難以獨自獲得銀行貸款的中小企業，可以採取以文化創意產業園區為載體的聯保聯貸模式融資，在降低銀行交易成本的同時，形成外部風險控制機制；對於融資規模大、項目多的文化企業，可以開展銀團貸款來支持發展。

二是嘗試探索文化產業供應鏈金融。銀行等金融機構要充分利用文化產業鏈短而簡單、上下游關係穩定的優點，圍繞單位規模較大、信用程度高的核心企業，開展供應鏈金融，對核心企業上下游的眾多中小文化企業提供靈活的金融服務。金融機構站在文化產業供應鏈的視角上對文化企業進行評估，有利於監督整個鏈條上資金的使用情況，並且可以針對各個環節的實際情況，靈活採用版權質押融資，應收帳款質押融資等多種融資方式，盤活供應鏈企業，分散信貸風險。

三是創設文化產業投資基金。高風險偏好資金是支持文化產業的先導力量。應發揮產業投資基金和風險投資風險意識和風險承受能力強、募集資金範圍廣、規模不受限制、有專業化基金管理營運的優勢，變「文化資金投入」為「文化資本投入」，推動文化產業「專業化管理、投資者受益」的市場化運作。可由財政部門投入一定的財政資金發起設立；廣泛吸引金融機構、專業投資者和國際資本等社會資本進入文化創意產業；交由具有文化產業管理經驗、歷史業績好、專業能力強的基金管理人，積聚和提高文化產業專業投資能力和產業管理能力，培育壯大創意階層和產業集群。

四是推動知識產權證券化。由當地證監局牽頭，與文化廳、宣傳廳共同推動知識產權證券化創新。選取當地優秀文化企業的商標權、專利權等知識產權，或者文化展覽門票收入作為基礎資產，出售給 SPV 並將其匯集打包成資產池。委託信託公司、證券公司將文化企業與基礎資產進行風險隔離，進行信

用評級和增信後在一級市場上發行證券，從而為文化產業拓寬融資渠道，降低融資成本。

五是加大私募基金和信託計劃的金融創新。充分利用私募基金和信託計劃現金流和期限結構靈活的特性，對接文化產業項目。通過資金、管理、財務結構的靈活安排，吸引社會資本進入文化資產權益投資領域。

六是大力發展文化產業投行業務，通過併購重組做大、做強文化產業。金融機構要積極參與當前併購重組的浪潮，推動文化產業的併購重組。通過併購重組優化文化產業資源配置，使其產生經營協同效應、規模經濟和範圍經濟，降低生產成本，提高市場競爭力；通過併購重組，整合優勢資源、完善管理制度、提高盈利能力，降低企業從金融機構融資的難度。

8.3.3 文化產業融資體系建設制度化

一是大力發展第三方文化產業機構。盡快建立文化產業投資風險評估機制，完善知識產權評估體系。鼓勵組建知識產權專利評估機構，減少融資雙方的信息不對稱，解決文化企業無形資產評估難等問題。通過對現有擔保機構的培訓、補貼，推動擔保模式的創新，提高與文化產業特徵及融資需求的匹配程度。積極探索專利權、著作權、版權等無形資產以及銷售訂單、合約、門票收入等現金流量等作為抵（質）押擔保資產的方式和途徑。地方政府可以運用財政引導資金，創設文化產業融資再擔保機構，對示範效應強、產業鏈帶動大、社會效益廣的文化融資擔保項目提供再擔保支持，減少商業擔保潛在代償損失。各地政府還可以由財政牽頭，銀行、實體企業共同出資組建文化產業專項擔保基金，通過財政資金的注入，提升擔保基金的信譽度，撬動更多的擔保資金，從而提高擔保企業參與文化產業的積極性。

二是積極探索知識產權集合擔保融資。由多家中小文化企業簽訂合作協議，分別剝離各自知識產權匯集成知識產權池，將其作為聯合擔保物向商業銀行申請貸款。集合擔保融資有利於整合弱小文化企業的力量，提升抵押物資質以及融資談判籌碼，達到提高融資效率和規模，降低融資成本的目的。但是這個模式的操作難點在於如何有效剝離知識產權來組建產權池。一個備選方案是由銀行牽頭，選擇第三方評估機構對聯合文化企業的知識產權獨立性和資產池價值進行評估，並將其各自評估額度作為貸款份額依據來分配信貸額度。

三是要大力培養同時熟悉金融市場和文化產業的資本營運人才。文化企業

要加強學習如何利用資本市場加快擴張和整合。文化企業可以通過招聘延攬專業金融人才、委派人員到金融企業培訓學習，或者加強與金融機構的戰略合作，加強資本營運人才隊伍建設。在此基礎上，充分利用併購重組、新三板、創業板、新興戰略板等資本市場，做大做強文化產業。

8.4 建設文化產業集聚區試點

通過建設文化產業集聚區試點，探索推進文化產業發展的有效制度，並且推廣和制度化相關措施。

8.4.1 建立文化創意產業發展改革試驗區

文化創意產業發展改革試驗區的發展重點在於加大文化體制機制改革力度，構建和培養統一開放、競爭有序的現代文化市場體系，探索具有示範意義和推廣價值的文化資源管理機制、統籌機制和市場監管機制。

8.4.2 建立文化創意產業發展引領區

文化創意產業發展引領區主要是國家文化產業相關政策率先落地的區域。該區域建立和完善了激勵文化產業改革創新的政策體系和組織架構，重點推進文化金融、版權交易、人才培養、管理創新等領域的政策創新。

8.4.3 建立文化創意產業發展集聚區

設立文化創意產業發展集聚區。該區域推動了文化創意和設計服務與相關產業的融合發展，促進了文化與金融、科技等相關領域的深度融合，帶動和促進各種資源優化組合、高效配置，進一步激發文化活力，成為文化產業發展中心。

8.4.4 建立文化創意產業發展策源地

設立文化創意產業發展策源地。該區域以創意為核心，以文化為靈魂，以科技為支撐，以西部民族的文化個性的、獨特的擴張性、開放性、帶動性，創造出無窮的新產品、新服務、新市場、新財富，極大地提升地區文化產業的能級，打造西部乃至整個中國文創產業的重要策源地。

8.4.5 建立文化創意版權交易示範基地

有必要建立政府引導、行業協會主導的文化創意版權交易示範基地。首先，由行業協會在文化創意產業內部按照行業要求而設立，針對性強，業務熟練，完全有條件、有能力制定本行業的版權保護策略，供旗下的企業參考之用。其次，行業協會聚集所屬企業版權信息，發現在版權保護中存在的共性問題，組織所屬企業進行經驗交流，以提高版權保護水準。最後，行業協會根據其章程規定的自治權，還可以協調會員間的版權糾紛，約束會員企業的侵權行為，並可以對非會員企業的侵權行為進行調查取證，支持會員企業去維權。

8.4.6 建立文化創意廣告園區示範基地

在現有的文化產業中，文化創意廣告園區的發展基礎較好。通過建設文化創意廣告園區，可以提升優勢媒體集團產業帶動作用，改造升級傳統廣告產業，迅速發展新興廣告產業，逐步將園區建設成為在全國有較高影響力和知名度的廣告企業集聚中心、文化廣告創意產業中心和廣告資源交流中心。

8.4.7 建立新媒體與文化創意產業融合發展示範基地

對於新興文化產業，要圍繞數字電視、數字報業、新媒體廣告、移動通信媒體和網絡視聽等行業，大力促進傳統媒體與新興媒體融合，著力打造一批具有競爭力、傳播力、公信力和影響力的新型傳媒集團，形成立體多樣、融合發展的現代傳播體系，打造數字傳媒業新優勢。

通過以上試點的推動，探索文化產業發展的新模式，從而在整個推廣過程中，促進文化產業成為支柱性產業。

8.5 建立文化產業對外合作交流機制

8.5.1 推進文化創意產業開放與合作

從實際情況出發，著力實施文化「走出去」戰略，大力推進文化創意產業開放與合作，應重點把握以下方面：一是創新文化「走出去」模式和路徑。完善文化貿易扶持支撐體系，例如成都市保稅園區。二是加強文化產品國際化的價值重塑與升級。促進特色民族民俗文化與現代國際文化融合發展；依託各

種產業園區和示範區，開展文化交流活動，逐步變政府主導為市場主導；以民族文化為依託，大力發展演藝事業，廣泛提升消費者參與度，打造區域文化節會品牌，提高文化產業知名度和影響力，營造良好的產業發展環境。

8.5.2 建立文化產業保稅區

保稅區應當積極研究制定文化產業發展規劃，推進文化產品展示交易平臺建設。文化產品在保稅區與國際市場間流轉不需要報關，僅向海關備案即可自由進出，這樣就會降低交易成本。同時，保稅區應積極利用政策功能優勢，按照打造「文化保稅區」的目標，加強文化產業項目招商，打造藝術品保稅園區。

8.5.3 建立文化產品交易自由結匯制度

在文化產業園區和試點建立文化產品交易自由結匯制度，將文化產業園區外匯資本金結匯的自主權和選擇權完全賦予文化企業，為本區企業提供規避匯率波動風險的政策空間，有利於降低社會成本，進一步促進文化產品貿易投資便利化，切實服務實體經濟發展。

8.6 建立文化產業人才聚合示範基地

8.6.1 建立文化人才聚合區

設立文化人才聚合區。該區域的啓動旨在引進國內外高層次人才計劃，注重實用和創新相結合，注重引進人才和產業發展相結合，實現了引進國內外文化人才的「全覆蓋」，聚集一批具備較高專業素養和豐富文化經驗，掌握先進科學技術，熟悉文化產業市場運作，能夠發展高新產業、帶動新興學科的科技創新人才和產業領軍人才。

8.6.2 建立藝術中心人才工作室產權制度

四川省錦江區已經建立了藝術家人才房產或工作室產權私有的制度，這種制度有效地形成了藝術人才集聚區。當前成都市圍繞各藝術中心形成聚落，藍頂藝術中心聚集藝術家34位；畫意村聚集畫家20餘名。共有藝術家數百名，主要由畫家、設計師等組成。知名藝術家包括許燎源、周春芽、何多苓、錢磊

等。根據成都的經驗和北京 798 的教訓，中國文化產業為有效吸引優秀人才，應建立文化產業人才聚合示範基地，在基地建立藝術中心人才工作室產權制度。

8.7 完善文化產業發展保障機制

8.7.1 強化政府扶持，優化服務環境

一是充分發揮政府在平臺建設、政策落實等方面的服務推動作用。二是加大政策扶持力度，不斷完善西部民族特色的各項扶植政策，在房租、財稅扶持等方面加大力度。三是扶持重大產業項目、重點目標企業、創意人才，加快培育多元化市場主體，鼓勵和引導社會資本以多種形式投資文化產業；進一步完善政府採購、信貸支持等多種服務形式，扶持中小文化企業發展。四是研究啓動小微文化企業孵化培育計劃，鼓勵搭建小企業融資擔保平臺，推動大中小文化企業協調發展；積極引進社會資金，加快民辦藝術機構建設。五是創新管理服務，努力解決園區餐飲、住宿、交通等生活配套服務設施問題，最大限度滿足企業和個人的需求。在政務環境上，以與時俱進的眼光，不斷推進政務環境的規範化、創新研究決策機制、重大事項協調機制。六是加強知識產權保護，探索在廣告設計、出版傳媒等產業領域建設知識產權試點示範企業和示範園區，營造公平競爭的法制環境。

8.7.2 搭建文化產業發展平臺，加大招商引資力度

進一步發揮文化產權交易、工業設計共性技術服務等要素市場和平臺優勢，完善信息交流、人才聚集、節會活動等公共服務，加快要素的聚集和轉化，營造良好的產業發展環境。大力培育文化交易市場，積極引進服務於文化企業的市場仲介組織，借助互聯網發展文化產品和電子商務虛擬市場，壯大文化產品和服務交易實體市場，構建多層次、立體化的文化市場體系。

以繁榮文化經濟活動，增強對文化產業的交易環節的調控能力為中心，加快推進文化產權交易、創意產品會展交易、創意產品品牌專賣、文化產品電子商務交易健康發展，促進文化交易市場的發育、維護和監管。

加大招商引資力度，一方面，要全面實施招大引強選優戰略。建議針對創園區目前龍頭企業較發達地區偏少的局面，制定知名文化企業招引名錄，通過

積極參加各類圍繞文化為主題的節會活動，獲取更多企業信息，開展針對性招商；通過借助仲量聯行、戴德梁行等知名專業服務業企業的資源和力量，開展專業招商；通過相關協會鎖定意向落戶文化企業，開展行業招商。不斷加大招大引強選優工作力度，力爭行業龍頭企業將法人機構落戶，並且形成區域性總部企業，促進全區文化產業集群、集約發展。另一方面，加快中小型文創企業聚合發展。建議園區強化對中小型文化企業的吸納能力，進一步降低個人文化事業創業的准入門檻，在條件允許的情況下，設立文化產業創業公寓，為生活、工作等提供完善配套服務，廣泛吸收創業人群入駐並開啓事業，加快文化創業城建設，促進微型企業向中小型企業的能級提升，形成大聚合、大發展的文化產業新格局。

8.8　完善文化產業市場機制

8.8.1　集聚整合核心文化產業的發展要素

促進文化產業與三次產業以及各領域企業深度融合、協同發展。具體而言，就是結合現有的文化產業聚集區優勢，不斷深入挖掘文化內涵，打造特色化發展之路，加快建設文化產業園區和聚集區。一是打造文化產業園區，加快推進各種文化專業產業園區的建設和招商引資，並配備相應的制度。二是推進歷史文化街區鄉鎮建設，著力推進西部民族歷史文化街區和旅遊文化鄉鎮等建設。三是建設標志性文化設施。四是打造文化特色綜合體，如成都的198藝術小鎮、博瑞·創意成都、匯融國際、成都傳媒產業基地、新華文里等5個特色綜合體的建設。

8.8.2　建立靈活有效的臨時土地租賃制度

明確文化產業項目用地政策，在滿足相關規劃的前提下，建設用地指標向文化產業傾斜，督促土地使用者集約建設，防止圈地不用。鼓勵盤活存量房地資源，妥善保護與開發工業遺存，支持文化企業發展。在符合城市規劃的前提下，鼓勵企業租用現有物業從事文化產業經營。利用空餘或閒置工業廠房、倉儲用房等存量房地資源興辦文化產業，不涉及重新開發建設的，凡符合國家規定、城市功能佈局優化及有利於產業升級的，經有關行業主管部門和財政部門確認，省市政府批准，對劃撥土地或非經營性出讓土地的經營行為，可參照相

關土地年租金徵收條例，土地用途和使用權類型保持不變，暫不徵收原產權單位土地年租金或土地收益。對用於建設文化產業基地或建設項目的新增用地，符合條件的可給予優先安排，涉及用地指標的可在各級開發區和招商引資切塊指標中解決。開展各級政府文化產業基地認定工作，凡被認定為某級別基地的，由本級按有關規定給予扶持。

8.9 建立文化引領生活的產業發展機制

8.9.1 統籌文化產業空間佈局

在各級政府指導和支持下，採取系統設計、整體規劃、協同推進、分步實施的建設模式。主要分為核心承載區、輻射帶動區、協同發展區。應以省會城市中心城區為核心承載空間；輻射帶動區的區域範圍應涵蓋各省民族地區重點文化產業，形成「一區多園」的空間發展格局；協同發展區主要是充分發揮文化產業示範區的影響力、輻射力，以體制機制創新、政策創新為動力，推動文化產業創新發展，建立各地區之間的協同合作機制，促進各省市文化產業一體化的整體發展。

8.9.2 引領文化生活模式

當前消費已進入個性化、多樣化新階段，文化消費更是如此。在這一階段中，新的文化消費需求往往不是以銷定產，而是以供給創新來擴大文化消費，即以產創需、以創引需、以新導需、以產謀銷。為進一步有意識地引導公眾的文化消費需求，政府應創新消費服務機制，聯合文化企業、消費者協會和大眾媒體等開展文化社區活動，通過媒體宣傳、開展文化活動大賽以及在主要文化場所舉辦具有導向性的社會文化展演活動等方式將文化、藝術、設計等融入大眾的生活中，營造出文化產業發展的和諧氛圍，以滿足不同層次消費者對文化產品的需求。

參考文獻

[1] BOURDIEU P. The field of culture production [M]. New York: Columbia University Press, 1993.

[2] ADORNO T, HORKHEIMER M. Dialectic of enlightenment [M]. California: Stanford University Press, 2002.

[3] 愛德華·泰勒. 原始文化 [M]. 連聲樹, 譯. 2版. 上海: 上海文藝出版社, 1992.

[4] 包桂芹. 啓蒙與道德的變奏——霍克海默、阿多諾《啓蒙辯證法》的道德界域 [J]. 內蒙古民族大學學報, 2008 (2): 70-74.

[5] 鄧安球. 文化產業發展理論研究——兼論湖南文化產業發展 [D]. 南昌: 江西財經大學, 2009.

[6] 日下公人. 新文化產業論 [M]. 範作申, 譯. 1版. 北京: 東方出版社, 1989.

[7] LAWRENCE T B, PHILLIPS N. Understanding cultural industries [J]. Journal of Management Inquiry, 2002, 11 (4): 430-441.

[8] SCOTT A. J. Cultural-products industries and urban economic development: prospects for growth and market contestation in global context [J]. Urban Affairs Review, 2004, 39 (4): 461-490.

[9] 林拓, 李惠斌, 薛曉源. 世界文化產業發展前沿報告 [M]. 北京: 社會科學文獻出版社, 2004.

[10] 胡惠林. 文化產業發展與國家文化安全——全球化背景下中國文化產業發展問題思考 [J]. 上海社會科學院學術季刊, 2000 (2): 114-122.

[11] 李江帆. 文化產業: 範圍、前景與互動效應 [J]. 經濟理論與經濟

管理，2003（4）：26-30.

［12］艾斐. 文化事業與文化產業的關係［N］. 人民日報，2004-05-11.

［13］李向民，王晨. 文化產業：變革中的文化［M］. 北京：經濟科學出版社，2005.

［14］馮驥才. 文化不能產業化和政績化［N］. 海南日報，2011-06-20.

［15］辛向陽. 準確把握文化事業與文化產業的辯證關係［N］. 中國青年報，2012-01-04.

［16］THEODOR W A, BERNSTEIM J M. The culture industry: selected essays on mass culture［J］. Culture Industry Selected Eassays on Mass Culfure, 2001.

［17］RADNOTI S. Mass Culture［J］. Telos, 1981（48）：27-47.

［18］WYNNE D. The culture industry: the arts in urban regeneration［J］. Culture Industry the Ats in Urban Regeneration, 1992.

［19］LEWIS J, MILLER T. Critical cultural policy studies［M］. Hoboken: Blackwell Publishers Ltd., 2003：20-21.

［20］BROOKER P. Concise glossary of cultural theory［M］. Oxford: Oxford University Press Inc., 1999：50-52.

［21］楊文華，納夏. 雲南發展民族文化產業的理論與實踐［J］. 雲南社會科學，2015（1）：122-125.

［22］梁振. 西部地區民族文化產業研究［D］. 北京：中央民族大學，2005.

［23］左停. 滇西北民族文化產業發展的實證研究［J］. 學術探索，2002（1）：125-128.

［24］蘇鳳華. 陝西：拓展城市民族文化產業［J］. 中國民族，2002（5）：16.

［25］孟航. 機理·類型·模式：民族文化產業發展論綱［J］. 理論月刊，2013（4）：128-131.

［26］徐晶. 民族文化產業發展的深層驅動［J］. 理論月刊，2012（12）：49-52.

［27］劉海池，張麗紅. 關於民族文化產業發展的制約因素及對策研究——基於內蒙古的現狀分析［J］. 內蒙古民族大學學報（社會科學版），

2012, 38 (5): 23-26.

[28] 陳真. 打造雲南民族文化產業 [J]. 學術探索, 2001 (6): 64-66.

[29] 陳婕. 西部少數民族文化產業發展探析 [J]. 經濟視角, 2007 (12): 39-40.

[30] 李國普. 關於屏邊縣發展民族文化產業的思考 [J]. 紅河學院學報, 2003, 5 (1): 74-76.

[31] 阿庫拉蒙. 進一步推進馬邊民族文化產業發展的思考及對策 [J]. 中共樂山市委黨校學報, 2009, 11 (1): 87-88.

[32] 趙麗莉, 趙俐. 論新疆多元民族地區和諧建設中民族文化產業的發展 [J]. 新疆師範大學學報 (哲學社會科學版), 2008, 29 (3): 71-74.

[33] 徐寶華, 郭英. 民族文化產業的發展路徑探析 [J]. 當代經濟, 2007 (6): 66-67.

[34] 劉布弱. 做大雲南民族文化產業必須先做強雲南文化人 [J]. 創造, 2003 (9): 10.

[35] 楊丕勇. 用專業人才推動民族文化產業發展 [J]. 新聞窗, 2012 (4): 131.

[36] 王曉君, 鄧志新. 民族文化產業發展的知識產權策略——以貴州省為例 [J]. 國家行政學院學報, 2013 (5): 103-105.

[37] 丁智才. 民族文化產業: 文化廣西的必然選擇 [J]. 廣西財經學院學報, 2008, 21 (1): 99-102.

[38] 王利濤. 關於渝東南民族文化產業發展的思考 [J]. 重慶第二師範學院學報, 2008, 21 (4): 27-30.

[39] 孫磊. 雲南省民族文化產業的財政扶持政策研究 [J]. 商, 2014 (22): 244.

[40] 周圍豐. 民族文化產業與就地城鎮化協調發展研究——以廣西靖西縣繡球文化產業為例 [D]. 廣西: 廣西大學, 2014.

[41] 中國人民銀行麗江市中心支行課題組. 金融支持少數民族文化產業發展研究——以麗江市少數民族文化產業發展實證為例 [J]. 時代金融, 2009 (10): 149-151.

[42] 朱虹青. 發展雲南民族文化產業要大力發展文化經紀業 [J]. 雲南財經大學學報 (社會科學版), 2003, 18 (2): 63-64.

[43] 崔永壽. 充分利用資源大力發展龍井民族文化產業 [J]. 延邊黨校學報, 2010 (4): 85-86.

[44] 漆亞莉. 廣西民族文化產業發展思路探討 [J]. 廣西財經學院學報, 2014, 27 (4): 84-88.

[45] SOLOW R M. A contribution to the theory of economic growth [J]. The Quarterly Journal of Economics, 1956, 70 (1): 65-94.

[46] 胡青丹. 發達國家文化產業發展戰略探析 [J]. 經濟師, 2009 (11): 73-75.

[47] 盧晶穎. 國內外文化產業發展模式比較 [N]. 學習時報, 2010-11-22.

[48] RAUSTIALA K. The Piracy Paradox: Innovation and intellectual property in fashion design [J]. Virginia Law Review, 2006, 92 (8): 1687-1777.

[49] 江海洋. 文化如何產業化 [N]. 新民周刊, 2010-02-03.

[50] 馬克思恩格斯全集 [M]. 北京: 人民出版社, 1979, 42: 121.

[51] E. 舒爾曼. 科技文明與人類未來 [M]. 李小兵, 等, 譯. 1版. 北京: 東方出版社, 1995.

[52] 雷興長. 文化產業發展模式與欠發達地區的選擇 [J]. 科學經濟社會, 2011, 29 (1): 5-7.

[53] 丁超, 支菲娜. 內容產業視野中的日本電影產業發展 [J]. 北京電影學院學報, 2011 (1): 27-31.

[54] 朱敏, 熊正賢. 基於SWOT分析的西部地區文化產業發展方式轉變研究 [J]. 長江師範學院學報, 2013, 29 (2): 33-38.

[55] 孟來果, 李向東. 中國西部地區文化產業園集群發展的特徵、問題及對策 [J]. 學術交流, 2012 (3): 116-119.

[56] 塞莉. 民族地區文化產業發展的困境和對策——以四川藏區為例 [J]. 西南民族大學學報 (人文社會科學版), 2013 (8): 172-176.

[57] 陳秋萍. 西部地區可持續發展民族文化產業對策研究 [J]. 改革與戰略, 2006 (9): 37-39.

[58] 顧江. 中國文化產業發展的機遇與挑戰 [J]. 人民論壇, 2011 (35): 36-37.

[59] 陳鵬飛. 從「口紅效應」看文化產業的機遇 [J]. 文史博覽 (理

論），2009（6）：19-21.

［60］程惠哲. 抗週期：文化產業正與奇［J］. 人民論壇，2009（9）：46.

［61］鄧顯超. 低碳經濟視閾中的文化產業發展［J］. 長白學刊，2011（2）：150-152.

［62］李敏，李濤. 文化產業運作的跨行業跨地區運作特性及行銷功能研究［C］. 第五屆（2010）中國管理學年會——城市與區域 分會場論文集，2010.

［63］周文彰，岳鳳蘭. 文化產業特性及其經營啟示［J］. 北京聯合大學學報（人文社會科學版），2014（4）：20-23.

［64］趙力平. 文化產業特徵、功能［J］. 中共杭州市委黨校學報，2002，1（4）：20-24.

［65］李益蓀. 論文化產業的社會公益性特徵——兼談對唯物歷史觀的一點新理解［J］. 青海社會科學，2008（6）：31-35.

［66］黃舒，胡建績，譚麗焱. 第五波經濟長週期啓動期的文化產業特徵［J］. 未來與發展，2015（2）：31-35.

［67］許惠文. 數字技術在文化產業中的作用［C］. 2013年北京數字博物館研討會論文集，2013（5）：59-62.

［68］趙放，吳宇暉. 體驗經濟的思想基礎及其規定性的闡釋［J］. 吉林大學社會科學學報，2014（2）：62-69.

［69］田川流. 當代中國文化創意產業發展與內容創新［J］. 藝術百家，2013（3）：29-34.

［70］陳心林. 民族文化產業：西部開發中的優先領域［J］. 青海師範大學學報（哲學社會科學版），2004（5）：28-32.

［71］彭嵐嘉，陳占彪. 中國西部文化發展戰略研究［M］. 北京：中國社會科學出版社，2002：118-131.

［72］傅安輝. 論族群的原生性文化［J］. 吉首大學學報（社會科學版），2012，33（1）：13-18.

［73］王沛智，王紅武，趙敏，寸雲激，楊曉堅. 雲南少數民族文化產業研究［J］. 大理學院學報，2007（增刊2）：1-8.

［74］張曉明，胡惠林，章建剛. 2010年中國文化產業發展報告［M］. 北京：社會科學文獻出版社，2010：77-94.

[75] 郭平，鵬妮婭. 中國文化產業發展的空間不均衡性分析［J］. 財經理論與實踐，2013，34（3）：115-119.

[76] 昝廷全，趙永剛. 區域文化產業在不均衡狀態下的均衡發展［J］. 鄭州航空工業管理學院學報，2009，27（2）：1-5.

[77] 王文輝. 中國西部地區文化產業發展研究［D］. 北京：中央民族大學，2013：50.

後記

　　感謝鄧樂平老師的悉心指導和參與！感謝本課題的研究人員的辛苦勞動，其中尹宏禎、劉曉博和許毅共同完成第一、二、三、四、五章內容，顧炯和覃志立共同完成第六、七、八章內容。這是本書得以圓滿完成的基礎！

　　本書僅僅是從經濟層面探索了文化產業發展對策。文化產業的層面是多元的，是21世紀經濟發展的重要方向之一，尤其是當前大力發展共享經濟的背景下，從人的創造力的角度研究文化產業還有空白，如何激發人的創造力以從交叉學科角度促進文化產業的發展還有待研究，如新的社會分配、監督規範、競爭規則、定價機制等體系的構建和研究。路漫漫其修遠兮，吾將上下而求索！

國家圖書館出版品預行編目（CIP）資料

文化產業發展研究 / 尹宏禎 等 著. -- 第一版.
-- 臺北市：崧博出版：崧燁文化發行, 2019.05
　　面；　公分
POD版

ISBN 978-957-735-815-8(平裝)

1.文化產業 2.產業發展 3.中國

541.292　　　　　　　　　　　108005764

書　　名：文化產業發展研究
作　　者：尹宏禎 等 著
發 行 人：黃振庭
出 版 者：崧博出版事業有限公司
發 行 者：崧燁文化事業有限公司
E－m a i l：sonbookservice@gmail.com
粉 絲 頁：　　　　網　址：
地　　址：台北市中正區重慶南路一段六十一號八樓 815 室
8F.-815, No.61, Sec. 1, Chongqing S. Rd., Zhongzheng
Dist., Taipei City 100, Taiwan (R.O.C.)
電　　話：(02)2370-3310　傳　真：(02) 2370-3210
總 經 銷：紅螞蟻圖書有限公司
地　　址: 台北市內湖區舊宗路二段 121 巷 19 號
電　　話:02-2795-3656　傳真 :02-2795-4100　　網址：
印　　刷：京峯彩色印刷有限公司（京峰數位）
　　本書版權為西南財經大學所有授權崧博出版事業股份有限公司獨家發行電子
　　書及繁體書繁體字版。若有其他相關權利及授權需求請與本公司聯繫。

定　　價：320元
發行日期：2019 年 05 月第一版
◎ 本書以 POD 印製發行